MANUEL

DE

JURISPRUDENCE ÉLECTORALE

CONTENANT

l'Analyse et le Commentaire des Décisions les plus récentes
en matière d'élections politiques

PAR

Pierre RAVIER DU MAGNY

AVOCAT A LA COUR D'APPEL, DOCTEUR EN DROIT

(Extrait de la *Revue catholique des Institutions et du Droit*)

1re PARTIE — REVISION DES LISTES ÉLECTORALES

LYON

Bureaux de la REVUE CATHOLIQUE DES INSTITUTIONS ET DU DROIT
18, Rue François-Dauphin, 18

1898

MANUEL

DE

JURISPRUDENCE ÉLECTORALE

MANUEL

DE

JURISPRUDENCE ÉLECTORALE

CONTENANT

l'Analyse et le Commentaire des Décisions les plus récentes

en matière d'élections politiques

PAR

Pierre RAVIER DU MAGNY

AVOCAT A LA COUR D'APPEL, DOCTEUR EN DROIT

(Extrait de la *Revue catholique des Institutions et du Droit*)

1ʳᵉ PARTIE — REVISION DES LISTES ÉLECTORALES

LYON

Bureaux de la REVUE CATHOLIQUE DES INSTITUTIONS ET DU DROIT
18, Rue François-Dauphin, 18

1898

MANUEL
DE
TÉLÉPHONIE PRATIQUE

à l'usage des Constructeurs-Installateurs d'appareils et des amateurs téléphonistes praticiens

PAR

Pierre RAVIER DU MAGNY
Ancien élève à l'école de La Martinière

(Ouvrage écrit exclusivement au point de vue pratique et du Progrès)

CHAPITRE I. — REVISION DES LOIS PHYSIQUES

LYON
IMPRIMERIE DU SALUT PUBLIC ET TYPOGRAPHIE DU PROGRÈS
(3, Rue de l'Impératrice, 3)

1889

JURISPRUDENCE ÉLECTORALE

Ces quelques pages visent surtout au mérite de l'actualité. Des ouvrages nombreux forment déjà une bibliothèque assez complète de législation électorale. Nous ne prétendons pas les remplacer, mais les compléter. Il nous a semblé que la jurisprudence rencontrant chaque jour de nouvelles questions et multipliant sans cesse les solutions, il pourrait être utile, à la veille des élections législatives, d'en rapprocher les éléments épars dans les recueils juridiques en les éclairant d'un rapide commentaire. Le lecteur est averti : qu'il ne cherche pas ici un exposé complet et méthodique de la matière, mais seulement des réponses aux questions douteuses qu'il rencontrera forcément sur son chemin, s'il veut faire davantage que se préoccuper des élections, s'en occuper.

Dans une première partie, nous traiterons de la *Revision des listes électorales ;* dans la seconde, *des opérations électorales.*

PREMIÈRE PARTIE

REVISION DES LISTES ÉLECTORALES

On sait que les commissions administratives, chargées dans chaque commune de préparer, à partir du 1er janvier, un tableau rectificatif à la liste électorale permanente et de recevoir à cet effet les demandes nouvelles d'inscriptions ou de radiations, ont dû terminer leur travail le 14 janvier. Le 15 janvier, au plus tard, les tableaux rectificatifs ont été déposés dans les mairies. C'est à partir de ce dépôt, constaté par des affiches, qu'est ouverte la faculté de réclamer non seulement la rectification des erreurs commises dans les tableaux rectificatifs, mais encore la réparation de leurs omissions.

Par leur forme, leur nature, les délais dans lesquels elles doivent être présentées, les juridictions auxquelles elles sont soumises, en un mot par toutes les questions de fond ou de forme qu'elles soulèvent, ces réclamations font l'objet non seulement de règles légales qui gagneraient à être codifiées avec un peu d'unité [1], mais aussi d'une très copieuse jurisprudence dans laquelle nous puiserons aujourd'hui les éléments de notre revue des décisions judiciaires.

Les opérations de la commission administrative peuvent faire l'objet d'un double recours. Nous négligerons le *recours administratif*, ouvert au préfet seul devant le conseil de préfecture et tendant à l'annulation des opérations irrégulières, non à la rectification des

---

[1] Trois propositions de loi ont été successivement déposées à cet effet devant les Chambres. La présente législature arrivera à son terme avant d'avoir même entrepris ce travail utile et facile tout à la fois.

erreurs.[1] Le *recours judiciaire* devant la commission municipale de jugement, puis en appel devant le juge de paix, susceptible enfin d'être déféré par la voie du pourvoi jusqu'à la Cour de Cassation, n'a au contraire pour but que la rectification des erreurs. Il nous occupera seul.

Pour la commodité du lecteur, nous grouperons les décisions des trois degrés de juridiction — et par le fait l'analyse des arrêts de cassation composera à elle seule presque toute notre étude — sous ces quatre paragraphes

---

[1] Citons seulement, à titre d'exemple, un cas récent de recours administratif. Les commissions administratives doivent, aux termes de la loi, réunir les éléments de leurs décisions avant le 11 janvier ; du 10 au 14 elles dressent, à l'aide des renseignements qu'elles se sont procurés auparavant, les tableaux rectificatifs. Elles doivent tenir un registre de leurs décisions et y mentionner les motifs et les pièces à l'appui.

Le Conseil de préfecture du Rhône, par un arrêté en date du 18 janvier 1898, vient d'annuler les opérations de la Commission administrative du 2e arrondissement de Lyon, à la requête du préfet informé et requis lui-même par un membre de cette Commission dont les efforts n'avaient pu empêcher de manifestes irrégularités.

Voici les motifs de l'arrêté du Conseil de préfecture :

1º Les délais légaux n'ont pas été observés par la Commission qui ne s'est réunie qu'après le 10 janvier ;

2º Les formalités légales de tenue d'un registre et d'adjonction des pièces justificatives n'ont pas été remplies.

En conséquence, le Conseil de préfecture a imparti de nouveaux délais et prorogé :

La préparation des tableaux rectificatifs jusqu'au 2 février ;

Le délai ouvert aux réclamations jusqu'au 27 février ;

Le délai pour les décisions des Commissions de jugement du 28 février au 4 mars ;

Le délai pour la notification de ces décisions du 4 au 7 mars ;

Le délai d'appel devant le juge de paix du 7 au 12 mars ;

Le délai pour les décisions des juges du 12 au 22 mars ;

Le délai pour la notification de ces décisions du 22 au 25 mars ;

Enfin la clôture de la liste au 31 mars.

Déjà, l'année dernière, le Conseil de préfecture du Rhône avait annulé les opérations de la Commission administrative du même 2e arrondissement. Le motif était alors que les noms de toute une catégorie d'électeurs retranchés par la Commission de la liste n'avaient pas figuré au tableau rectificatif, bien que ces retranchements, inscrits au procès-verbal des travaux de la Commission, fussent soumis à la connaissance de la Commission municipale. Ils n'en échappaient pas moins au droit de contrôle général de tout électeur et cette omission constituait une violation formelle de l'article 2 du décret réglementaire du 2 février 1852.

d'importance inégale, mais qui permettront de les retrouver plus facilement :

I — Qui peut exercer le recours judiciaire contre les opérations de la commission administrative ?

II. — Objet de ce recours : inscription ou radiation. Conditions de l'inscription.

III. — Formes et délais du recours, au premier degré, en appel et en cassation.

IV. — Permanence de la liste électorale. Conséquences de ce principe.

I

QUI PEUT EXERCER LE RECOURS JUDICIAIRE?

Le recours contre les opérations de la Commission administrative appartient d'abord à l'*électeur* dont le nom a été rayé de la liste où il figurait précédemment, et à celui dont le nom n'a pas été inscrit malgré sa demande. L'électeur dont le nom aurait été inscrit sans sa participation aurait certainement aussi le droit de réclamer contre cette inscription, car nous verrons plus loin que l'on peut avoir intérêt à faire des démarches expresses pour obtenir sa radiation d'une liste électorale.

Le recours appartient ensuite aux *tiers électeurs*. Les tiers électeurs ont pu intervenir déjà devant la Commission administrative, il est naturel qu'ils puissent protester contre les décisions de la Commission qui n'ont pas fait droit à leurs demandes. Mais ils peuvent se présenter également pour la première fois devant la Commission principale, et réclamer tant contre les inscriptions ou radiations effectuées d'office que contre celles effectuées à la demande des intéressés ou d'autres tiers électeurs. Il n'est pas même nécessaire que la demande ainsi portée devant les juridictions électorales ait fait l'objet d'un examen préalable de la part de la Commission administrative. Les demandes complètement nouvelles sont valablement introduites sous forme de recours judiciaire [1]

Tiers électeurs. — Que faut-il entendre par tiers électeur ? Un arrêt de 1895 a confirmé une fois de plus le sens déjà fixé de cette expression. C'est tout électeur inscrit lui-même sur la liste électorale de la *circonscription*. Ce n'est pas seulement tout électeur inscrit sur la liste électorale de la commune. (*Cass. civ.*, 22 mai 1895. *S.* 1896. I. 463). Il résulte de cette interprétation que les électeurs peuvent exercer leur droit de contrôle sur les listes de toutes les communes comprises dans leur circonscription.

Cette action des tiers électeurs est une véritable action populaire dont on ne trouve aucun autre exemple dans notre droit. Elle ne repose pas sur l'idée d'un mandat tacite émané de l'électeur intéressé, mais sur l'intérêt général ou plutôt sur l'identité de l'intérêt personnel de chaque électeur avec l'intérêt général du suffrage universel. Ce caractère tout spécial de l'action des tiers électeurs a conduit la Cour de cassation à leur reconnaître le droit d'interjeter appel d'une décision au premier degré, rendue non sur leur instance propre, mais sur celle de l'intéressé, alors que ce dernier s'abstient lui-même de former appel. (*Cass. civ.*, 7 décembre 1880. *S.* 1881. I. 374).

L'action des tiers électeurs appartient aussi aux *préfets* et *sous-préfets*.

II

CONDITIONS DE L'INSCRIPTION — RADIATION

La réclamation portée devant la Commission municipale a nécessairement pour objet une inscription ou une radiation.

---

[1] Et par conséquent rien n'est encore définitif à la date du 15 janvier dans la révision des listes électorales. Il n'est trop tard, *dans aucun cas et pour personne*, pour former une réclamation.

Quand peut-on donc réclamer l'inscription sur une liste électorale de son nom ou de celui d'un tiers? Et quand peut-on, ce qui est la même chose envisagée d'un autre point de vue, réclamer la radiation d'un nom inscrit sur cette liste?

La loi a défini les conditions de la capacité électorale : qualité de Français, majorité de 21 ans, jouissance des droits civils et politiques. Il faut y ajouter une quatrième condition, celle de la résidence ou de faits spéciaux considérés comme équivalant à la résidence, pour avoir les quatre conditions auxquelles est subordonnée l'inscription sur une liste électorale.

Preuve. — La preuve de l'existence de ces conditions incombe à l'électeur ou au tiers électeur qui demande une inscription nouvelle. L'inscription faite d'office par la Commission administrative n'a lieu que sous la réserve de toute contestation ultérieure et n'a pas pour effet de mettre la preuve à la charge du contestant. C'est donc à tort que l'électeur dont l'inscription opérée dans ces conditions est contestée, se prévaudrait de la qualité de défendeur en appel pour se soustraire à la charge de la preuve. (*Cass. civ.*, 7 août 1895. *S.* 1897, 1.46.)

Mais ces principes doivent se combiner avec ceux qui assurent à tout citoyen la présomption de la jouissance des droits civils et politiques. Pour que le demandeur soit obligé d'établir, soit le lieu et la date de la naissance, soit l'absence de toute cause légale de déchéance, il faut ou bien qu'il ait un contradicteur à l'instance, ou bien que la Commission administrative ait déjà repoussé sa demande, en arguant de l'absence de quelque condition. (*Cass.*, 8 avril 1884, 8 avril 1886, 10 avril 1888, 14 mai 1890, *de Taillandier*, Manuel formulaire de la révision de la liste électorale, pp. 25, 40.)

La présomption que le demandeur possède la nationalité française n'existe d'ailleurs, qu'au profit d'un demandeur né en France. Si les dires des parties ou les documents produits indiquaient que le demandeur est né à l'étranger, le juge ne violerait pas les principes en exigeant qu'il rapporte la preuve des faits constitutifs de sa nationalité. (*Cass.*, 26 avril 1875. *S.* 1875. 1. 375.)

Questions préjudicielles. — Les tribunaux civils sont seuls compétents pour décider les questions d'Etat. Il peut se faire que les difficultés soulevées sur la nationalité ou la capacité présentent le caractère de véritables questions préjudicielles. Le juge de paix, saisi sur appel des décisions de la commission municipale, doit alors surseoir et renvoyer la décision de l'exception au juge compétent. Mais il faut qu'il s'agisse d'une question vraiment liée au débat. Par exemple, la rectification du nom d'un électeur, dont l'inscription en elle-même ne serait pas contestée, ne serait pas une question préjudicielle qui dût retarder la décision du juge de paix, mais une question distincte de celle qui lui est soumise et qu'il n'a qu'à écarter purement et simplement. (*Cass.*, 29 avril 1890. *De Taillandier*, p. 273.)

Nationalité. — Il faut aussi que la question soulevée fasse l'objet d'un doute sérieux. Ainsi un juge de paix a pu décider que la nationalité originaire n'était pas perdue par le Français qui avait porté les armes à l'étranger, alors que son incorporation avait eu lieu malgré lui et par force sur réquisition de l'autorité étrangère, et cela quand bien même, incorporé mineur, il avait continué, après sa majorité et sans protestation, son service à l'étranger. (*Trib. paix de Paris*, 20 février 1897. *La loi*, 16 avril 1897.)

Il a été encore valablement jugé par un juge de paix, en raison de l'évidence du texte qu'il alléguait, que la déclaration faite en vue d'acquérir la qualité de Français par un individu né à l'étranger de parents dont l'un a perdu la qualité de Français (Cod. civ., art. 10), produit son effet du jour où elle a été souscrite, sauf l'annulation qui peut résulter du refus d'enregistrement (loi du 25 juillet 1893, art. 3).

Que, en conséquence, cet individu a le droit de figurer sur les listes électorales s'il réunit les diverses conditions de capacité exigées par la loi, bien qu'à la date du 4 février le ministre de la justice n'ait pas encore statué sur le mérite de sa déclaration. (*Trib. paix, Nice*, 23 fév. 1897. *Moniteur du Midi*, 8 août 1897).

Mais le juge de paix devrait ordonner le renvoi devant le juge compétent, si la prétention à la nationalité française émise par le demandeur était fondée sur l'interprétation d'un traité international. (*Cass. civ.*, 27 avril 1896. *Droit*, 23 septembre 1896.)

Majorité. — Il suffit que la majorité de 21 ans soit acquise avant la clôture de la liste. Doivent donc être inscrits sur les listes électorales même les citoyens qui, ne remplissant pas encore lors de la confection des listes les conditions d'âge et de résidence, les rempliront avant la clôture définitive des listes. (*Cass. civ.*, 18 mars 1896, *Mon. j. paix*, 1897, p. 69).

Jouissance des droits civils et politiques. — Les interdits, les faillis non réhabilités, et tous ceux qui sont dans un des quinze autres cas d'incapacité électorale spécifiés par les articles 15 et 16 du décret organique du 2 février 1852, ne peuvent pas être inscrits sur les listes électorales ou doivent en être rayés s'ils y sont inscrits. Ces quinze cas sont ceux où la privation des droits civils et politiques est la conséquence d'une condamnation criminelle ou de certaines condamnations correctionnelles. Nous ne croyons pas devoir en reproduire ici la longue énumération.

Interdits. — Les interdits, ce sont ici, bien entendu, ceux dont l'interdiction a été régulièrement prononcée par les tribunaux ; ce ne sont pas les simples faibles d'esprit, et il n'appartient pas aux Commissions municipales de se faire juges de l'état intellectuel d'un citoyen et, en l'absence d'un jugement d'interdiction, d'ordonner la radiation d'une personne sous prétexte qu'elle est idiote. (*Cass. civ.*, 29 avril 1897. *Droit*, 23 septembre 1897.)

Greffiers. — *Officiers ministériels*. — L'article 15, § 8 du décret du 2 février 1852 range au nombre des incapables les officiers ministériels, notaires et greffiers *destitués en vertu de jugements et décisions judiciaires*. Pas de difficulté pour les notaires qui ne peuvent être destitués que par jugement.

Les avoués, huissiers et commissaires-priseurs sont destitués, eux, par le gouvernement, mais l'acte du gouvernement peut intervenir soit après une poursuite préalable par la voie judiciaire, soit en l'absence de toute poursuite de ce genre. S'il y a eu poursuite préalable, la jurisprudence considère la décision du gouvernement comme le dernier acte de cette poursuite, et par conséquent comme une décision judiciaire entraînant l'incapacité électorale. (*Cass. civ.*, 30 juin 1890. *S.* 1891, 1, 84.) S'il n'y a pas eu poursuite préalable, la décision gouvernementale n'est plus envisagée que comme un acte administratif et elle n'entraîne pas l'incapacité électorale (*Cass. civ.*, 12 mai 1891. *S.* 1891, 1, 349.)

Il faut faire une distinction analogue pour les greffiers et les déclarer incapables quand ils ont été destitués disciplinairement par les tribunaux, en cas de fraude aux droits du fisc et de perception illégale (*Cass. civ.*, 12 mai 1891 et 30 mars 1896. *S.* 1897, 1, 357.)

Vol et filouterie d'aliments. — Les incapacités électorales sont de droit étroit. Ainsi a-t-il été jugé que l'on ne peut assimiler à la condamnation à l'emprisonnement pour vol, prévue par l'article 15, 5° du décret du 2 février 1852, la condamnation à l'emprisonnement pour filouterie d'aliments. Les deux délits de l'article 401 C. pén. et de la loi du 26 juillet 1873 sont bien distincts. (*Cass. civ.*, 27 avril 1896. *S.* 1897, 1, 288.)

Amnistie. — L'amnistie et la réhabilitation, mais non la grâce, effacent la condamnation et l'incapacité qui en résulte. Un cas délicat s'est présenté à propos d'amnistie. Une peine unique avait été prononcée, par application de la règle du non-cumul des peines, à raison de deux délits, l'un électoral, l'autre de droit commun, le premier entraînant l'incapacité de plein droit, le second ne l'entraînant qu'autant que la condamnation à la peine principale prononcée de ce chef aurait été de plus d'un mois d'emprisonnement.

Dans l'espèce, il s'agissait 1° de trouble d'opérations électorales par attroupements, clameurs et démonstrations menaçantes (art 41, décret 2 février 1852) ; 2° de violences et voies de fait envers le maire dans l'*exercice de ses fonctions* (C. pén., 228). La difficulté était d'apprécier distinctement l'étendue de la peine prononcée du chef du délit de droit commun, puisque les deux peines étaient confondues en une seule. Aussi, lorsqu'intervint une amnistie qui effaçait le délit électoral mais laissait subsister le délit de droit commun, il a été jugé que le condamné pouvait réclamer son inscription, et qu'on ne pouvait pas lui contester ce droit en se basant sur l'incapacité liée à la condamnation pour délit de droit commun. (*Cass. civ.*, 8 mai 1895. *S.* 1897, 1, 238.)

Preuve de l'incapacité. — L'état des individus qui sont frappés d'incapacité électorale est constaté à l'aide d'une sorte de *casier administratif*, dressé par les sous-préfets sur les renseignements qui leur sont communiqués d'office par les parquets. Ce casier doit être communiqué, par extraits, aux maires pour que l'on tienne compte de ses indications dans la formation de la liste électorale. Et cette communication a lieu, non seulement à la requête des maires, quand les commissions administrative ou municipale ont intérêt à l'obtenir, mais encore d'office, par les soins des sous-préfet à l'occasion de chaque condamnation nouvelle. Mais jamais il ne peut être délivré d'extraits de ce casier administratif aux simples particuliers. Les tiers électeurs qui veulent faire la preuve d'un cas d'incapacité n'ont d'autres moyens que de requérir la Commission municipale ou le juge de paix d'user de leur pouvoir propre et de se faire délivrer à eux-mêmes la communication nécessaire. Pour cela il paraît très important que les tiers électeurs aient déjà plus que de simples présomptions de la condamnation qu'ils allèguent et qu'ils puissent éclairer la religion des juges par de sérieux commencements de preuve.

Les parties intéressées, c'est-à-dire celles dont la capacité serait contestée, ont toujours la ressource de se faire délivrer par le parquet un extrait de leur *casier judiciaire*.

Rappelons enfin que le fait d'avoir sciemment réclamé et obtenu l'inscription d'un citoyen qui était dans un cas d'incapacité électorale, est un délit puni de peines édictées dans l'article 6 de la loi du 7 juillet 1874. Les membres de la Commission administrative peuvent être condamnés comme complices de ce délit. (*Cour de Bastia*, 3 octobre 1878. *De Taillandier*, p. 140.)

Résidence. — La quatrième condition requise pour obtenir l'inscription sur une liste électorale est, avons-nous dit, la résidence dans la commune ou des faits spéciaux équivalant à la résidence. Il faut entendre par là, selon les termes de l'article 14 de la loi municipale, le domicile réel ou la résidence de six mois dans la commune, l'inscription au rôle d'une des quatre contributions directes ou au rôle des prestations en nature jointe à une résidence effective quelle qu'en soit la durée, ou appuyée, en cas de non résidence, d'une manifestation expresse de l'intention d'en profiter pour l'exercice des droits électoraux, — la résidence obligatoire, sans limitation de durée, en qualité de ministre des cultes reconnus par l'État ou de fonctionnaire public, — enfin le cas très spécial des Alsaciens-Lorrains.

La résidence de six mois doit être effective et continue. La résidence alternative pendant six mois dans deux communes ne suffit pas pour permettre de se faire inscrire, à son choix, dans l'une ou l'autre de ces communes. (*Cass. civ.*, 24 mars 1896. *S.*, 1897, I, 413.)

Toutefois la résidence ne se perd pas par cette seule circonstance que l'électeur s'absente quelquefois, même périodiquement, par exemple pour remplir les devoirs d'une fonction publique, quand cette fonction n'est pas de celles qui emportent translation immédiate du domicile du fonctionnaire. (*Cass. civ.*, 18 mars 1896. *S.*, 1897, I, 191).

La résidence réelle et effective est suffisamment établie par le fait que le citoyen travaille dans la commune, qu'il y loge et qu'il y réside actuellement.

La loi n'assujettit pas l'électeur à l'obligation de faire une **déclaration** de résidence faute de laquelle le délai de six mois ne commencerait pas à courir. (*Cass. civ.*, *Mon. J. paix*, 1897, p. 66.)

Domicile. — Le domicile est plus avantageux que la résidence, en ce sens qu'il n'est soumis à aucune condition de durée. Le domicile est au siège du principal établissement. Il est au lieu de l'habitation. Le bail d'une maison destinée à recevoir des approvisionnements, sans que rien établisse qu'elle doive servir et serve à l'habitation, ne saurait suffire à prouver que le domicile réel est bien dans la commune où cette maison est située. (*Cass. civ.*, 31 mars 1896. *S.* 1897, I, 100.)

Le domicile d'origine est le plus habituellement, on le sait, celui des parents ou tuteurs.

Le domicile d'origine ne se perd que par l'acquisition d'un nouveau domicile. Pour acquérir ce nouveau domicile, il faut avoir l'intention de renoncer à son domicile d'origine et de transporter dans une autre commune son principal établissement. Tant que le nouveau domicile n'est pas acquis, on garde le droit de se faire inscrire et de demeurer inscrit au domicile d'origine. (*Cass. civ.*, 27 avril 1895. *S.*, 1896, I, 191. — (24 mars 1896. *S.*, 1897, I, 100.)

La preuve de l'intention peut être tirée de tout indice suffisamment constant et probant. Le citoyen qui veut se prévaloir d'un changement de domicile fera bien de faire constater son intention par une déclaration, soit à la mairie du domicile qu'il abandonne, soit à celle de son nouveau domicile.

A défaut de déclaration à la municipalité, le fait par un électeur d'habiter pendant la plus grande partie de l'année chez un tiers, dans une commune, n'implique pas nécessairement de sa part l'intention d'y transférer son domicile, et la preuve de cette intention dépend des circonstances que le juge a le pouvoir d'apprécier souverainement. (*Cass. civ.*, 31 mars 1897. *Droit*, 11 juin 1897.)

Ces circonstances se résument, en somme, dans l'habitation continue dans un lieu donné et les occupations habituelles qui y fixent l'habitation.

Une jurisprudence constante admet que les élèves des

grands séminaires sont présumés y avoir leur principal établissement et doivent être inscrits dans la commune où il est situé. (*Cass. civ.*, 15 mai 1872. *D. P.*, 1872, I, 459 — 22 avril 1873, *D. P.*, 1873, I, 422 — 30 avril 1888, *D. P.*, 1889, I, 215.) Cette jurisprudence s'appuie sur la considération que les élèves des grands séminaires acceptent, en y entrant, les règles de ces établissements et que l'une des premières est celle d'une résidence continuelle ; qu'ils ont abandonné d'ailleurs, sans esprit de retour, leur domicile d'origine, puisque l'entrée au grand séminaire implique nécessairement, non pas l'engagement, mais l'intention de s'engager dans les ordres.

Pour des raisons analogues, il a été jugé que le majeur ou le mineur émancipé n'a plus son domicile légal de plein droit chez son père et sa mère. Il l'a chez la personne chez laquelle il sert ou travaille habituellement, lorsqu'il demeure avec elle, dans la même maison.

Le fait qu'il n'est chez cette personne que pour une durée incertaine (dans l'espèce qu'il a été ajourné pour le service militaire) ne change rien à cette situation. (*Cass. civ.*, 23 mars 1896. *S.*, 1897, I, 99.)

De même, on ne peut se fonder sur la précarité de la situation d'un instituteur libre, pour lui refuser la reconnaissance de son domicile réel et partant le droit à l'inscription, dans la commune où il a, du fait de ses fonctions, son principal établissement. (*Cass. civ.*, 30 mars 1896. *S.*, 1897, I, 100.)

C'est à bon droit que le juge de paix ordonne la radiation d'un citoyen qui, d'une part, ne peut plus invoquer aucun titre d'inscription dans son domicile d'origine et, d'autre part, est domestique dans une autre commune, où il sert et travaille habituellement chez autrui et habite dans la maison de son maître. (*Cass. civ.*, 27 avril 1895. *S.*, 1896, I, 191.)

Mais il ne faudrait pas se laisser égarer par la multiplicité des espèces dans lesquelles la jurisprudence a confondu le domicile des domestiques avec celui de leurs maîtres et voir là une conséquence de leur qualité de domestiques attachés à la personne. C'est l'habitation qui est toujours prise ici exclusivement en considération.

L'engagement contracté par un individu comme domestique, lorsqu'il est essentiellement temporaire, ne lui donne pas le droit d'être inscrit sur la liste de la commune sur le territoire de laquelle il a loué ses services, alors que son domicile se trouve dans une autre commune. (*Cass. civ.*, 13 avril 1897. *Droit*, 5 septembre 1897.)

Les éléments caractéristiques du domicile sont souverainement appréciés, en fait, par le juge ; mais ici encore il faut que la Cour de cassation puisse vérifier s'il n'en a pas fait une interprétation inexacte en droit. La Cour de cassation exige que les jugements des juges de paix énoncent expressément les caractères du domicile qu'ils ont retenus ; faute de cette mention, elle annule les jugements comme manquant de base légale. (*Cass. civ.*, 30 mars 1896. *S.*, 1897, I, 100.)

Inscription au rôle des contributions directes ou des prestations. — Le domicile, la résidence de six mois, peuvent être suppléés par l'inscription au rôle d'une des quatre contributions directes ou à celui des prestations en nature. Mais il faut distinguer si à cette inscription s'ajoute le fait d'une résidence sans détermination de durée. Dans ce cas, rien de particulier. La preuve de l'inscription au rôle et celle de la résidence sont administrées par le demandeur quel qu'il soit, et cela est suffisant pour que l'inscription soit ordonnée.

Au contraire, si à l'inscription ne s'ajoute pas le fait de la résidence, il faut que la demande émane de l'intéressé lui-même. C'est le seul cas où un tiers électeur ne peut pas poursuivre, en son nom personnel, l'inscription d'un autre citoyen. Il faut en effet que le citoyen qui veut bénéficier de son inscription au rôle dans une commune où il n'est ni domicilié, ni résident, *déclare* vouloir y exercer ses droits électoraux. (*Cass. civ.*, 17 avril 1896. *Droit*, 6 octobre 1896.)

Serait donc nul le jugement par lequel le juge de paix

ordonnerait l'inscription d'électeurs figurant au rôle des contributions, sans constater qu'ils ont manifesté, par eux-mêmes ou par mandataires, leur intention d'exercer leurs droits électoraux dans la commune (*Cass. civ.*, 30 mars 1896. *S.*, 1897, I, 412.)

Mais il faut ajouter que d'après la Cour de cassation, la demande formée par un tiers sans mandat et repoussée à bon droit par la Commission municipale permet cependant à l'intéressé de former utilement sa demande, en son nom personnel, devant le juge de paix saisi de l'appel de cette décision. Les deux arrêts analysés ci-dessous sont très explicites à cet égard :

« Le juge de paix ne peut repousser la demande d'un électeur à titre de contribuable sous prétexte qu'il n'a pas fait personnellement cette demande, quand cet électeur a personnellement demandé son inscription par lettre légalisée, avant l'intervention de la décision. » (*Cass. civ.*, 20 mai 1884. *De Taillandier*, p. 268.)

« Le juge de paix ne peut pas écarter du débat une lettre censée adressée au maire par un électeur pour se faire inscrire à ce titre, lettre qui lui est présentée par un tiers électeur, alors qu'il est constaté qu'elle est antidatée et qu'elle n'est pas parvenue au maire, mais qu'il est établi d'autre part qu'elle émane effectivement de l'électeur et qu'elle témoigne exactement de sa volonté. » (*Cass.*, 29 avril 1890. *De Taillandier*, p. 268.)

L'inscription au rôle d'une des quatre contributions directes est une cause d'inscription sur la liste électorale, si modique que soit la cote. (*Cass., civ.* 25 mars et 6 mai 1896. *S.*, 1897, I, 415.)

Mais il ne faut pas étendre abusivement les termes de la loi et prétendre au même bénéfice pour l'inscription au rôle d'une simple taxe assimilée : chevaux et voitures, chiens, etc. (*Cass. civ.*, 8 mai 1877. *D. P.*, 1877, I, 389.)

Plusieurs électeurs, étrangers à une commune, peuvent facilement y devenir électeurs en s'entendant pour y acquérir ensemble la moindre parcelle de terrain et se prévaloir ensuite de leur inscription indivise au rôle de la contribution foncière. Si il y a ici une véritable manœuvre organisée pour influer sur le résultat de l'élection, cette manœuvre ne saurait être prévenue légalement et doit être réputée licite. (*Trib. civ. du Vigan*, 17 décembre 1896, *Gaz. Pal.*, 1897, p. 1.)

Preuve de l'inscription au rôle. — La preuve de l'inscription au rôle peut être établie par une quittance délivrée par le percepteur, un certificat signé de lui ou du maire, un extrait régulier du rôle des contributions directes. Mais un extrait de la matrice cadastrale ne serait pas acceptable, parce que la matrice ne contient pas toutes les mutations.(*Cass. civ.*, 6 mai 1896. *S.*, 1897, I, 415.)

Une simple note du contrôleur des contributions directes qui n'indiquerait ni la nature de l'impôt payé, ni la situation des biens imposés serait sans valeur. (*Cass. civ.*, 20 juillet 1897. *Gaz. Trib.*, 23 décembre 1897.)

C'est bien, d'ailleurs, l'inscription au rôle, et l'inscription personnelle, dont il faut justifier. Il ne servirait de rien de justifier de l'existence d'intérêts, de la possession de propriétés dans la commune. La production d'un bulletin préparant une mutation, par exemple, serait sans valeur au point de vue de l'inscription sur la liste électorale. (*Cass. civ.*, 24 mars 1896. *S.*, 1897, I, 413. — 16 et 28 avril 1896. *S.*, 1897, I, 287.)

La propriétaire d'un immeuble indivis est imposé pour cet immeuble en proportion de sa part. Il figure de ce chef personnellement sur les rôles. Mais, en fait, son nom est habituellement compris dans une désignation abrégée établie conformément aux instructions administratives, désignation qui se réfère virtuellement à la feuille des mutations où sont mentionnés tous les noms des propriétaires. Cette désignation est suffisamment explicite pour lui assurer le droit à l'inscription sur la liste électorale(*Cass. civ.*, 11 juillet 1895. *S.*, 1897, I, 46.)

Dans les communes divisées en plusieurs sections électorales, comme il n'existe qu'un rôle unique des contributions directes, les électeurs doivent prouver, outre leur inscription au rôle, la situation des immeubles pour lesquels ils sont imposés dans la section sur la liste électorale de laquelle ils réclament leur inscription. Ils peuvent établir cette seconde preuve par la production du plan de sectionnement dressé par l'administration et par les extraits de la matrice cadastrale. (*Cass. civ.*, 13 avril 1897. *Droit*, 5 septembre 1897.)

Prestations. — Ce n'est pas seulement l'électeur inscrit au rôle des prestations en nature qui peut réclamer ce titre d'inscription sur la liste électorale. C'est encore celui qui, y ayant été précédemment porté, est dispensé par son âge (60 ans) ou ses infirmités du service des prestations. (*Cass. civ.*, 28 avril 1880. *D. P.*, 1880, I, 274). C'est aussi tout électeur membre de la famille de celui qui est personnellement inscrit au rôle, habitant avec lui et faisant partie de sa maison. (*Cass. civ.*, 26 avril 1895. *S.*, 1896, I, 149.)

Mais il faut que le membre de la famille qui réclame l'inscription sur la liste, du chef du père de famille, soit réellement, quoique tacitement, compris dans le rôle de ce dernier, c'est-à-dire que les journées de prestation indiquées dans la cote soient d'un nombre égal à celles que tous deux doivent fournir. Le juge de paix, saisi d'une demande de ce genre, ne peut l'accueillir sans rechercher si, en fait, l'imposition du fils (pupille ou neveu, etc.,) existe réellement. (*Cass. civ.*, 26 avril 1895.) Et réciproquement, il ne peut pas repousser la demande sans s'expliquer sur ce point, savoir : si le nombre de journées indiquées au nom du père est trop faible pour que le fils y soit aussi compris. (*Cass. civ.*, 23 mars 1896. *S.*, 1897, I, 192.)

Fraude. — Il peut se faire que l'inscription au rôle des contributions dont un électeur se prévaut pour réclamer son inscription sur la liste électorale soit arguée de fraude. Devant une contestation de cette nature, le juge de paix doit se déclarer incompétent et renvoyer les parties à se pourvoir. (*Cass. civ.*, 6 mai 1896. *S.*, 1897, I, 415.)

Ministres du culte. — Fonctionnaires. — Enfin les ministres des cultes reconnus et les fonctionnaires publics, assujettis par leur fonction à une résidence obligatoire dans la commune, satisfont suffisamment par là même à toute condition de domicile ou de résidence.

Professeurs de séminaires. — A cet égard, il a été reconnu que les ministres du culte attachés en qualité de professeurs à un petit séminaire ou un autre établissement ecclésiastique sont, comme ceux qui desservent une paroisse, investis de fonctions emportant obligation de résider dans la commune où ils les exercent, et, à ce titre, doivent y être inscrits comme électeurs, quelle que soit d'ailleurs la durée de leur résidence effective (*Cass. civ.*, 13 avril 1897. *Droit*, 9 septembre 1897.)

Principe de l'unité d'inscription. — Les faits équivalents au domicile ou à la résidence de six mois sont nombreux et divers, nous venons de le voir. Il peut se faire, par suite, qu'un même citoyen se trouve en mesure d'invoquer des titres différents d'inscription dans plusieurs communes différentes. Il ne peut certainement pas en profiter pour se faire inscrire sur plusieurs listes à la fois. (*Cass. civ.*, 14 juin 1895, *S.* 1896, I, 415.) Mais il peut choisir entre les différents titres et les différentes listes. Ainsi un fonctionnaire qui est inscrit au rôle des contributions directes dans une commune autre que celle de sa résidence obligatoire et officielle, peut y réclamer ou y conserver son inscription. (*Cass. civ.*, 16 avril 1885, *D. P.*, 1885, V, 204.) De même un domestique, qui a son domicile dans la commune de son maître, peut se faire inscrire dans la commune où il est demeuré inscrit au rôle des contributions. (*Cass. civ.*, 30 mars 1896. *S.*, 1897, I, 99.)

Le droit d'opter entre différentes communes dans chacune desquelles on a un titre différent à l'inscription existe, bien entendu, il est à peine besoin de le faire observer, entre deux sections de la même commune. (*Cass. civ.*, 25 mars 1896. *S.*, 1897, I, 143; — 13 août 1895, *S.*, 1897, I, 47.)

Fait de la pluralité d'inscriptions. — Si, en droit,

il n'est pas permis de réclamer son inscription sur deux ou plusieurs listes, si c'est même là un acte délictueux puni d'un emprisonnement d'un mois à un an et d'une amende de 100 francs à 1.000 francs (article 31, décret organique du 2 février 1852), en fait rien n'est plus fréquent que d'être inscrit en plusieurs endroits. On comprend que ce soit là une conséquence fatale du droit reconnu aux tiers électeurs de requérir les inscriptions et de l'obligation imposée aux commissions administratives de les opérer d'office.

Quelle est la situation de l'électeur dont le nom figure ainsi sur plusieurs listes électorales?

Tant qu'il n'a pas manifesté positivement l'intention d'exercer ses droits électoraux dans telle commune plutôt que dans telle autre, il a le droit d'opter pour l'une ou l'autre. Ce droit d'option s'épuise par l'usage qui en est fait.

Le titulaire des inscriptions multiples peut faire dans la commune de son choix une déclaration expresse à la mairie constatant son intention, et en retirer un certificat signé du maire. (*Cass. civ.*, 30 mars 1896. *S.*, 1897, I, 414.)

Il peut se borner à voter dans cette commune, sans aucune déclaration préalable. Seulement, une fois son intention ainsi manifestée tacitement, il ne pourra plus se prévaloir de ses autres inscriptions. (*Cass. civ.*, 28 avril 1896. *S.*, 1897, I, 528.)

Ce qui ne fera, d'ailleurs, nullement obstacle à ce qu'il réclame à nouveau son inscription sur les listes dont il s'est mis ainsi dans le cas d'être rayé, mais à la charge, comme nous le verrons tout à l'heure, de provoquer à son tour sa radiation de la liste qu'il abandonnerait après en avoir fait usage.

Mais que faudrait-il décider à l'égard d'un électeur qui, étant inscrit sur deux listes différentes, aurait alternativement voté dans l'une et l'autre commune?

Nous estimons que le droit d'option ayant été épuisé dès que l'électeur l'a exercé pour la première fois, c'est dans la première des communes où il a successivement exercé ses droits électoraux qu'il doit être considéré comme régulièrement inscrit; que les votes émis plus tard ailleurs à l'aide d'autres inscriptions l'ont été illégalement et n'ont pu faire revivre à son profit la faculté d'option. Nous réservons, d'ailleurs, pour une étude ultérieure l'appréciation du caractère plus ou moins délictueux du second vote.

Tant que le droit d'option existe au profit de l'électeur inscrit sur plusieurs listes, ni les commissions administratives n'ont le droit de se prévaloir du principe de l'unité d'inscription pour rayer son nom sur l'une ou l'autre de ces listes, ni les tiers électeurs n'ont le droit de réclamer cette radiation. (*Cass. civ.*, 27 avril 1895. *S.*, 1896, I, 191, — 10 mai 1897, *Gaz. Pal.*, 1897, I, 729.)

Par une conséquence du même esprit libéral de la loi, le fait qu'un électeur a été inscrit, sans sa participation et à son insu, dans une commune, ne peut lui être opposé pour rejeter la demande d'inscription qu'il forme régulièrement ailleurs. (*Trib. paix de Gevray-Chambertin*, 20 février 1896. *Rev. J. paix*, 1896, p. 241.)

Radiation. — Le principe de l'unité d'inscription est cependant entouré par la jurisprudence de toutes les sanctions compatibles avec la liberté d'initiative de l'électeur.

Radiation demandée par l'électeur qui réclame une inscription nouvelle. — La première sanction, c'est l'obligation imposée à quiconque demande une inscription nouvelle, hors de son domicile d'origine, de rapporter la preuve qu'il a requis préalablement sa radiation sur la liste où il était précédemment inscrit.

Ce n'est pas la preuve que la radiation a été réellement effectuée qui est exigée de lui, car l'exécution de cette radiation est une formalité administrative qu'il n'est pas en son pouvoir de remplir, c'est seulement la preuve qu'il l'a réclamée, qu'il a fait « des diligences » pour l'obtenir. (*Cass. civ.*, 17 avril 1896. *Droit*, 6 octobre 1896, — 30 mars 1896. *Mon. J. paix*, 1897, p. 113.)

Cette justification se fera au moyen d'un certificat de radiation délivré par le maire, ou d'un simple accusé de réception de la demande, voire même d'un **constat d'huissier** certifiant que la demande a été dûment remise au maire.

Les démarches à fin de radiation doivent être faites en temps utile, par conséquent, comme nous le verrons plus loin, dans les vingt jours qui suivent l'affichage du tableau rectificatif. Mais si l'électeur pouvait rapporter la preuve de la radiation et non plus seulement celle des démarches faites par lui, comme le vœu de la loi est rempli dès lors qu'il est certain que l'électeur n'est pas inscrit sur plusieurs listes, on n'exigerait plus que la demande de radiation ait été faite par lui antérieurement à la demande d'inscription. La justification de sa radiation interviendrait utilement en appel devant le juge de paix, après que la commission administrative et la commission de jugement auraient rejeté sa demande en se fondant précisément sur ce que la preuve nécessaire ne leur aurait pas été rapportée. (*Cass. civ.*, 23 mars 1896. *S.*, 1897, I, 462, — 18 mars 1896. *Mon. J. paix*, 1897, p. 66.)

L'obligation imposée à l'électeur qui demande une inscription nouvelle de justifier au préalable qu'il a fait le nécessaire pour faire radier son ancienne inscription ne va cependant pas jusqu'à l'obliger à prouver le fait purement négatif qu'il n'est inscrit nulle part. Il faut qu'il y ait au moins une présomption qu'il est inscrit dans un lieu donné pour exiger qu'il prouve le contraire (*Cass. civ.*, 17 avril 1896. *Droit*, 6 octobre 1896.)

Radiation demandée par un tiers électeur. — La seconde sanction reconnue au principe de l'unité d'inscription, c'est le droit qui appartient aux tiers électeurs de réclamer non seulement des *inscriptions* mais des *radiations*.

Le cas le plus fréquent, peut-être, dans lequel les radiations sont réclamées par les tiers électeurs, est le cas de pluralité d'inscriptions. Nous avons vu que dans ce cas on ne pouvait exiger la radiation qu'autant que l'intéressé a exercé expressément ou tacitement son **droit d'option**. C'est au tiers électeur demandeur en radiation à établir si et comment l'intention de l'intéressé a été manifestée.

Préjudice causé par une demande en radiation.
— Les demandes de radiations sont parfois motivées par la privation des droits civils et politiques encourue par les intéressés. La difficulté de se procurer la preuve des cas d'incapacité électorale n'est pas le seul point délicat de cette catégorie de demandes. Elles exposent les tiers électeurs à des poursuites pour diffamation, car aucun texte de loi ne protège à ce point de vue l'exercice régulier du droit de contrôle qui leur est accordé. Le juge auquel ils seraient déférés de ce chef devrait apprécier s'ils n'ont fait qu'user strictement de leur droit ou s'ils ont agi de mauvaise foi dans leur réclamation. (*Cass. crim.*, 27 janvier 1866, et *Bordeaux*, 16 avril 1886. *De Taillandier*, p. 180.)

Alors même qu'elle ne contient pas les éléments constitutifs d'une diffamation, la demande mal fondée en radiation peut encore exposer son auteur à une demande en dommages-intérêts, à raison de l'imprudence du demandeur et du préjudice causé. (*Bordeaux* précité.)

Les membres des Commissions municipales peuvent être eux-mêmes actionnés en raison des dommages causés aux tiers par des imputations injurieuses ou diffamatoires contenues dans leurs délibérations. Quoique ayant mandat pour prononcer des sentences, ils ne sont pas revêtus de la qualité de juges et ne bénéficient pas des immunités et des prérogatives attachées à cette qualité. (*Cass.*, 31 mai 1876. *De Taillandier*, p. 219.)

Il ne semble pas même, d'après la jurisprudence citée, que les membres des Commissions municipales soient couverts par la qualité de fonctionnaires et leurs délibérations assimilées à des actes administratifs.

La situation du maire est différente. Par l'affichage de certaines mentions contenues dans le tableau rectificatif des listes électorales il peut aussi causer grief à des particuliers. Mais cet affichage paraît être considéré comme un acte administratif, et le tribunal des conflits a décidé que le fait d'avoir accompagné le retranchement d'un nom sur l'affiche du motif de ce retranchement, c'est-à-dire de la mention d'un jugement de condamnation, ne constituait pas une faute personnelle du maire susceptible d'être appréciée indépendamment de l'acte administratif. (*Trib. Conflits*, 26 juin 1897, *Mon. Lyon,* 14 août 1897.)

Cette jurisprudence mériterait une discussion sur laquelle le cadre de notre travail ne nous permet pas de nous étendre.

Rappelons seulement qu'il avait été jugé antérieurement que le maire, en affichant le tableau des retranchements, outrepassait son pouvoir et s'écartait des termes de la loi, que l'affichage des noms supprimés pouvait causer grief aux intéressés alors même que les motifs erronés pour lesquels la radiation avait été faite par la Commission administrative n'étaient pas énoncés sur l'affiche, et que les intéressés victimes d'un dommage imputable personnellement au maire et ne rentrant pas dans la catégorie des actes administratifs, pouvaient en demander la réparation aux tribunaux de droit commun, conformément aux principes de l'article 1382, quand bien même le maire n'avait pas agi à leur égard avec une intention malveillante, mais seulement avec légèreté. (*Corbeil*, 3 mai 1888, *D. P.*, 1889, III, 40.)

Cette opinion nous paraît beaucoup plus correcte que celle du Tribunal des conflits. En effet, l'article 2 du décret de 1852 exige le *dépôt* du tableau rectificatif à la mairie, l'*avis de ce dépôt* par voie d'affichage, et *la libre communication* du tableau déposé, mais non pas l'affichage du tableau lui-même.

Il est vrai que dans l'espèce dont le Tribunal des conflits a eu à connaître, le maire pouvait alléguer des instructions supérieures et notamment un arrêt du préfet de la Haute-Garonne. Mais cet arrêté pouvait difficilement trouver une base légale dans textes du décret de 1852 et de la loi de 1874. Si l'arrêté lui-même était entaché d'illégalité (ce que nous n'osons affirmer faute d'en avoir pu mesurer les termes), nous estimons que le maire engageait en l'exécutant sa responsabilité personnelle. Le Tribunal des conflits a négligé de s'expliquer sur ce point.

III

FORMES ET DÉLAIS

1° *Devant la Commission municipale.*

Forme de la réclamation.— Les réclamations contre les erreurs ou omissions de la Commission administrative que l'on a constatées en vérifiant le tableau rectificatif, doivent avoir pour objet des inscriptions ou des radiations *individuelles*. Elles ne sauraient s'appliquer à un ensemble ou une catégorie de citoyens, par exemple les facteurs des postes, les vieillards de l'hospice, etc.; elles doivent contenir la désignation nominative de l'électeur en cause et l'énoncé des motifs à l'appui de la demande.

Elles sont régulièrement introduites devant la Commission municipale de jugement par l'inscription sur un registre *ad hoc* ouvert dans chaque mairie.

Mais, en matière électorale, les règles de forme ne sont pas exigées à peine de nullité. Ce trait, avec la gratuité de la procédure, caractérise l'esprit libéral de la législation et de la jurisprudence électorales.

Aussi l'absence d'inscription sur le registre des réclamations ne rend pas la demande irrecevable. A *fortiori*, l'absence de la signature du réclamant au-dessous de sa réclamation n'est pas exigée à peine de nullité. La simple mention sur le registre vaut présomption que la demande émane soit de l'électeur intéressé, soit d'un tiers électeur. *(Cass. civ.*, 23 mars 1896. *S.*, 1897, I, 143.)

La réclamation purement orale faite au maire ou à son préposé est suffisante.

Mais si l'on n'exige pas que la réclamation soit revêtue de formes solennelles, le réclamant doit cependant être à même de prouver qu'il a fait une réclamation et qu'il l'a faite en temps utile. Aussi le maire doit-il, lorsqu'il en est requis, donner un récépissé de la réclamation qui lui est adressée. Des électeurs ont eu recours au ministère d'huissiers pour assurer une date certaine à leur réclamation, dans le cas où le maire refusait de leur en donner acte. L'exploit dressé dans ces conditions n'est certainement pas un exploit d'ajournement et n'est pas soumis à la formalité du visa. (*C. pr. civ.*, 69 et 70. — *Cass. civ.*, 13 août 1888. *De Taillandier*, p. 186.)

Délai. — Les réclamations doivent être faites dans les vingt jours à dater de la publication du tableau rectificatif. Cette publication a lieu régulièrement le 15 janvier. Mais c'est la publication et non la date du 15 janvier qui forme le point de départ du délai. Si la publication du tableau rectificatif a été retardée, ce qui résulterait notamment de l'annulation des opérations de la commission administrative provoquée par le préfet, ou si cette publication a été, au contraire, avancée, la demande peut être formée même après le 4 février ou doit être déclarée tardive à cette date. *(Cass. civ., 30 mars 1896. S., 1897, I, 527.)*

Communication des listes. — Le tableau rectificatif doit être tenu à la disposition des citoyens pendant les vingt jours consécutifs du délai, ainsi que les listes électorales, lesquelles d'ailleurs doivent toujours être à la disposition du public. Ce délai de vingt jours est encore celui qui est réservé, après la clôture des listes, pour les réclamations auprès des juges de paix, dans les conditions que nous rappellerons plus loin, contre les erreurs matérielles de la liste définitive.

Pendant les vingt jours qui suivent la publication des tableaux rectificatifs et pendant les vingt jours qui suivent la publication de la liste définitive, donc, le droit de vérification des électeurs ne doit être entravé par aucune mesure vexatoire des administrations municipales. Si le maire ou ses employés refusaient la communication, l'électeur ou le tiers électeur à qui ce refus serait opposé devrait le constater au besoin par **huissier**. Cette constatation régulière lui permettra, d'abord de saisir la commission de jugement, à supposer, ce qui est peu probable, que le maire n'aie pas ajouté à son refus de communiquer, celui de recevoir la demande de réclamation, soit plutôt le juge de paix, *omisso medio*.

Responsabilité du maire. — La constatation régulière du refus du maire de communiquer les listes peut avoir une autre utilité. C'est de permettre l'exercice d'un recours en dommages-intérêts contre lui. Car le refus de communication est une infraction patente aux articles 7 du décret du 2 février 1852 et 4 de la loi du 7 juillet 1874, un acte notoirement abusif, dont les conséquences appartiennent à la juridiction civile. (*Tr. paix Saint-Hilaire (Aude)* rapporté dans *Revue d'administration* 1882, t. III, p. 332.)

Fermeture de la mairie. — *Calcul du délai.* — Les listes électorales et le tableau rectificatif doivent demeurer à la disposition des électeurs pendant vingt jours consécutifs. Une circulaire du ministre de l'intérieur, en date du 21 janvier 1897, a rappelé les conditions souvent méconnues de cette communication. « Tout requérant a le droit d'obtenir communication et de prendre copie des listes, soit à la mairie, soit à la préfecture, et ce droit n'est limité que par les mesures qu'ont à prendre le préfet ou le maire pour empêcher que la marche du service ne soit entravée. » Mais la communication doit être faite au requérant lui-même ou à son mandataire, et les municipalités n'ont pas à prêter leur concours en procurant la copie soit intégrale, soit partielle des listes, lors même qu'on offrirait de rétribuer ce travail.

Si la mairie a été fermée aux électeurs pendant ce délai de vingt jours, mais après que les listes ont déjà été mises à leur disposition pendant quelques jours, le délai sera prorogé certainement. Mais faudra-t-il tenir compte, pour le calculer, du nombre de jours antérieurs à l'interruption de communication ou ne le faire partir que du jour où la mairie leur a été rouverte et les listes mises de nouveau à leur disposition ? C'est la seconde solution qu'a adoptée la cour de cassation, en se fondant sur ce que le dépôt des listes doit s'entendre d'un dépôt ininterrompu.

Il ne suffirait même pas que l'accès de la mairie ait été rouvert librement à l'égard d'un électeur qui justifie d'une mise en demeure à l'effet d'obtenir communication des listes et du rejet de cette mise en demeure. Il faudrait encore, pour que le délai commence à courir contre lui, qu'il soit avisé de la réouverture de la mairie et de la faculté à lui accordée de consulter les listes. (*Cass. civ.*, 22 juillet 1897. *Mon. jud. Lyon*, 11 août 1897.)

Le délai légal des réclamations n'expirant qu'avec le vingtième jour, il ne peut être abrégé par la fermeture de la mairie, le vingtième jour, avant minuit. (*Cass. civ.*, 25 avril 1892; *S.*, 1895, I, 463.)

Formes de l'instance. — Aucune forme spéciale de procédure n'est imposée aux Commissions municipales.

Les délibérations ne sont valables qu'autant que les cinq membres de la Commission sont présents.(*Cass. civ.*, 13 avril 1893. *S.*, 1893, I, 428. — 30 mars 1896. *S.*, 1897, I, 527).

L'instance est contradictoire. Les parties qui se présentent doivent être entendues. Les électeurs dont l'inscription est contestée par un tiers électeur doivent être avertis sans frais par le maire, et être ainsi mis à même de présenter leurs observations et leur défense.

Notification. — Enfin les décisions doivent êtres notifiées aux parties intéressées, dans les trois jours, par écrit et à domicile. Aucune forme n'est prescrite pour cette notification. L'administration doit seulement s'assurer la preuve que la notification a été faite, car son absence aurait pour effet de suspendre indéfiniment le délai d'appel. (*Cass. civ.*, 3 juin 1893. *S.*, 1895, I, 511, — 10 mai 1897, *Gaz. Pal.*, 1897, I, 729.) Aussi l'usage est-il de confier la notification à un agent assermenté de la commune.

Publication. — Indépendamment de la notification

individuelle qui ne s'adresse qu'aux parties intéressées, une publicité générale doit être donnée aux décisions de la Commission municipale. Un tableau les résumant doit être publié et affiché le 10 février. Les électeurs non intéressés peuvent aussi se faire délivrer des copies de chaque décision, mais ils ne bénéficient pas dans ce cas de la gratuité générale en matière de procédure électorale et doivent acquitter le droit de 74 centimes par rôle. (*Circ. ministre intérieur*, 25 janvier 1888.)

2° *Devant le juge de paix.*

Délai.— Parties intéressées. — Grâce à la notification, les parties intéressées sont averties du point de départ du délai pour former appel devant le juge de paix. Ce délai est pour elles de cinq jours francs, à dater de la notification, et doit être prorogé d'un jour lorsque le cinquième est jour férié, conformément à la loi du 13 avril 1895.(*Cass. civ.*, 28 avril 1896, *D. P.*, 1897, I, 43.)

Les parties intéressées s'entendent ici dans le sens le plus large. Outre les personnes qui ont figuré à l'instance, il faut y comprendre celles dont l'inscription a été en cause, alors même qu'elles sont restées étrangères à l'instance.

Tiers. — Outre les parties intéressées, la jurisprudence reconnaît encore le droit de faire appel aux tiers électeurs qui n'ont pas figuré à l'instance du premier degré.

Mais comme ceux-ci n'ont pas été touchés par la notification, le délai spécial de cinq jours ne leur est pas opposable. Ils sont reçus à former leur appel dans les vingt jours qui suivent la décision de la Commission municipale.

Il ne faut pas assimiler aux tiers électeurs et soumettre au délai de vingt jours l'électeur dont le nom a été rayé de la Commission municipale, sans qu'aucune notification lui soit parvenue. Le délai contre lui demeure indéfiniment suspendu et il est toujours à temps de former son appel quand il s'aperçoit de la radiation. (*Cass. civ.*, 9 juin 1884. *De Taillandier*, p. 245.)

Formes de l'appel. — L'appel doit être formé par déclaration au greffe de la justice de paix. Aucune forme de déclaration n'est prescrite. Mais une lettre missive adressée au juge ne saurait équivaloir à la déclaration.

Toutefois la nullité serait couverte par la comparution du défendeur et ses conclusions au fond. (*Cass. civ.*, 30 mars 1896. *S.*, 1897, I, 358.)

Avertissement. — Le juge de paix statue dans les dix jours, mais il doit donner, trois jours avant de statuer, un avertissement aux parties intéréssées.

L'interprétation des parties intéressées est, nous ne savons pourquoi, beaucoup moins large quant à l'avertissement que quant à la notification. Il a été jugé que l'avertissement ne doit pas être donné aux électeurs dont l'*inscription* était demandée par un tiers, lorsqu'ils sont demeurés étrangers à l'instance. (*Cass. civ.*, 1er mai 1897. *Droit*, 3 octobre 1897.)

Mais il faudrait, croyons-nous, nécessairement adresser un avertissement à l'électeur dont la *radiation* aurait été sollicitée dans les mêmes conditions.

Si le juge de paix ne peut connaître la résidence de quelque partie intéressée, la décision de la Commission municipale n'en faisant pas mention, il satisfait au vœu de la loi en transmettant l'avertissement au maire pour le faire parvenir. (*Cass. civ.*, 11 juillet 1895. *S.*, 1897, I, 45.)

La nullité tirée en l'absence d'avertissement ou, *a fortiori*, de l'inobservation des délais légaux entre l'avertissement et l'audience, est couverte par la comparution du défendeur et ses conclusions au fond. (*Cass. civ.*, 30 mars 1896. *S.*, 1897, I, 358.)

Absence de formes solennelles. — *Nécessité des conditions substantielles.* — La loi n'indique pas les mentions que doit contenir la déclaration d'appel. Encore faut-il que ces mentions soient suffisantes pour que le juge soit saisi d'un litige précis et spécialisé. Le nom des parties, la décision attaquée doivent nécessairement être cités. (*Cass. civ.*, 7 août 1895. *S.*, 1897, I, 46.)

Instance. — A l'audience, les conclusions peuvent

être données oralement ou transmises par simple letttre missive au juge de paix.

La comparution des parties n'est pas nécessaire. *(Cass. civ.*, 30 mars 1896, *S.*, 1897, I, 358.)

Mais leur présence, au contraire, est nécessaire aux enquêtes. C'est là une règle substantielle. *(Cass. civ.*, 11 avril 1895, *S.*, 1895, I, 461.)

La présence à l'instance d'un membre de la Commission de jugement est un cas absolu de nullité, parce qu'elle viole le principe que nul ne peut être juge et partie dans la même cause. Cette règle est très rigoureuse et considérée comme d'ordre public. Ainsi les membres de la Commission de jugement ne peuvent pas justifier devant le juge de paix leur décision, même par de simples explications verbales. *(Cas. civ.*, 30 mars 1896, *Mon. J. paix*, 1897, p. 115.)

Le maire, président de la Commission, ne peut pas intervenir devant le juge pour fournir des explications sur l'objet de l'appel. *(Cass. civ.*, 22 mai 1897. *Droit*, 3 octobre 1897.)

Le simple refus par un maire de recevoir une demande d'inscription équivaut à une décision de la Commission municipale à laquelle il aurait pris part et suffit pour faire un obstacle absolu à la présence du maire à l'instance ouverte devant le juge de paix.

Jugement. — Le jugement doit remplir toutes les conditions substantielles prescrites par la loi pour tout jugement et porter en lui-même la preuve de sa régularité, et notamment :

Mentionner si les parties intéressées ont reçu l'avertissement prescrit par la loi. *(Cass. civ.*, 25 mars 1896. *S.*, 1897, I, 329.)

Contenir les conclusions prises par les parties et l'exposé sommaire des points de fait et de droit contestés par elles. *(Cass. civ.*, 21 avril 1896. *Ibid.*)

Indiquer si les parties étaient présentes à l'audience, si elles ont été reçues à présenter leurs moyens. *(Cass. civ.*, 11 juillet 1895. *S.*, 1897, I, 192.)

Etre signé par le magistrat qui a siégé. *(Cass. civ.* 22 mai 1895. *S.*, 1896, I, 245.)

Compétence. — *Recours au juge de paix*, OMISSO MEDIO. — Le juge de paix est juge d'appel. En principe il ne statue qu'autant qu'il existe une décision de la Commission municipale de jugement, décision que l'appelant doit produire. *(Cass. civ.,* 11 mai 1896, *Gaz. Pal.* 1896, I, 654).* Il ne peut cependant pas se refuser à connaître des réclamations qui lui sont adressées directement quand l'absence d'une décision de la Commission municipale n'est pas imputable à l'appelant. Ces cas sont nombreux : modification clandestine apportée au tableau rectificatif après sa publication, omission ou refus du maire de saisir la Commission de jugement, omission ou refus de la Commission de statuer, absence de notification adressée par les soins du maire à l'électeur rayé d'office par la Commission administrative, enfin fermeture de la mairie pendant tout ou partie du délai de vingt jours.

Mais, dans chacun de ces cas, l'électeur qui s'adresse au juge de paix doit justifier lui-même la compétence exceptionnelle de ce magistrat, soit en produisant les pièces desquelles il entend faire ressortir l'erreur matérielle, soit en établissant qu'il n'a pu se les procurer. Le juge de paix pourra et devra alors ordonner l'apport des listes électorales et du tableau rectificatif à sa barre, et prendre, d'une façon générale, en vertu de l'autorité qu'il détient, toutes mesures nécessaires pour vaincre une résistance qui ne saurait paralyser le droit de l'électeur.

Si le demandeur ne produit ni l'expédition de la décision de la Commission municipale, ni la justification que cette décision lui a été refusée, le juge rejettera sa demande. *(Cass. civ.*, 20 juillet 1897. *Moniteur jud. Lyon,* 10 août 1897.)

L'expédition de la décision peut être remplacée par des équivalents. Ainsi un appel ne peut être rejeté parce que l'appelant n'a produit que la lettre par laquelle le maire lui a notifié la décision de la Commission municipale et lui en a fait connaître les mentions essentielles.

Une telle lettre constitue un véritable extrait de la décision. *(Cass. civ.*, 14 mai 1890. — 3 juin 1893. *S.*, 1895, I, 423.)

L'expédition ni aucun équivalent ne peut être exigée de l'appelant au cas où il n'a pu se faire délivrer communication de la décision rendue par la Commission municipale. L'appelant doit seulement prouver le refus qui lui a été opposé ; ce cas est analogue à ceux où le juge est saisi *omisso medio*, bien qu'en réalité il existe ici une décision au premier degré ; le juge de paix ordonnera, s'il y a lieu, l'apport du registre des décisions de la Commission municipale. *(Cass.civ.*, 1er mai 1894, *J. P.*, 1895, 463.)

Evocation du fond. — Le juge de paix, dans le cas où la décision attaquée est nulle, doit statuer, par évocation, sur le fond du litige. Il violerait la loi (art. 22, décret 2 février 1852) en se bornant à annuler la décision pour absence de motifs suffisants et à renvoyer purement et simplement les parties dans l'état où elles se trouvaient avant cette décision. *(Cass. civ.*, 24 avril 1894. *S.*, 1896, I, 46.)

Preuves. — Aucun mode particulier d'instruction n'est imposé aux juges pour la constatation des faits allégués. Ils apprécient souverainement, *en fait*, les éléments constitutifs du droit à l'inscription, et leurs décisions ne peuvent être cassées que s'ils ont fait une interprétation illégale *en droit* de ces éléments constitutifs. *(Cass. civ.*, 14 juin 1895. *S.*, 1896, I, 415.)

Mais ils doivent faire connaître dans leurs jugements s'ils se déterminent par des raisons de droit ou de fait, et faute de préciser la nature des documents qu'ils rejettent, leurs jugements manquent de base légale et doivent être cassés. *(Cass. civ.*, 7 juin 1893. *S.*, 1896, I, 461.)

C'est que, en effet, le juge, libre d'apprécier les éléments de preuve qui lui sont soumis, n'est pas libre de les rejeter sans examen et d'exiger des modes de preuve que la loi elle-même n'exige pas.

En refusant d'admettre comme pièces probantes, en

raison de leur forme et de leur nature seule, d'autres documents que des baux enregistrés ou déclarés ou des actes similaires ; — en refusant de tenir compte de documents dont les signatures ne sont pas légalisées, alors que l'identité des personnes de qui elles émanent n'est pas mise en doute ; — en subordonnant l'admission de la preuve testimoniale à la condition d'un commencement de preuve par écrit, le juge limiterait arbitrairement les modes de preuve autorisés par la loi et commettrait un excès de pouvoir. (*Cass. civ.*, 7 juin 1893. *S.*, 1896, I, 461.)

Voies de recours. — La tierce opposition et la requête civile ne sont pas admises en matière électorale. (*Cass. civ.*, 5 mai 1896. *S.* 1897, I, 192.)

Mais les parties victimes d'un déni de justice ont contre le juge de paix la ressource de la prise à partie. (*Cass civ.*, 11 avril 1892. *S.*, 1895, I. 359.)

L'opposition contre les jugements par défaut est recevable dans les trois jours à partir de la signification.

3° *En Cassation.*

Qui peut se pourvoir? — Le pourvoi en cassation peut être formé contre le jugement du juge de paix devenu définitif. Mais il n'est ouvert qu'aux parties ayant figuré dans l'instance et non aux tiers électeurs. (*Cass. civ.*, 20 mai 1890. *S.*, 1892, I, 277.)

Il serait pourtant recevable de la part d'une partie intéressée qui, par suite d'une irrégularité de procédure, par exemple du défaut d'avertissement, n'aurait pu intervenir à l'instance d'appel.

Quant à la règle que nul ne peut être juge et partie dans la même cause, elle est appliquée si strictement en matière de pourvoi, que le maire non seulement n'est pas admis à former un pourvoi en son nom personnel contre une décision du juge de paix qui aurait réformé celle de la Commission, mais pas même à figurer en qualité de mandataire au pourvoi formé par un électeur. (*Cass. civ.*, 30 mars 1896. *S.*, 1897, I. 462.)

Délai. — Le délai pour se pourvoir est de dix jours. Il court à dater de la prononciation du jugement, si l'appelant n'a pas eu de contradicteur. Sinon, à dater de la notification qui, conformément au droit commun, doit être faite à l'adversaire à la requête de la partie intéressée. (*Cass. civ.*, 26 juin 1895. *S.* 1896, I, 527. — 22 janvier 1896, *Droit,* 11 avril 1896.)

Effet du pourvoi. — Le pourvoi n'est pas suspensif. L'électeur dont l'inscription a été ordonnée ou maintenue par le juge de paix peut exercer son droit de vote jusqu'à la solution du pourvoi. Et son nom, s'il y a lieu, doit être immédiatement inscrit sur la liste.

Forme. — Le pourvoi est formé par simple requête, soit au greffe de la Cour de cassation, soit à celui de la justice de paix. Il est dispensé de formes solennelles et du ministère d'avocat. Mais les parties font bien d'exiger un récépissé du greffe qui leur permette de prouver l'existence et la date de leur pourvoi. A la requête, visant expressément les textes de loi et les moyens du pourvoi, requête qui peut d'ailleurs être complétée par un mémoire additionnel, il faut joindre une expédition ou la copie signifiée de la sentence attaquée.

Dénonciation. — Le pourvoi doit être dénoncé au défendeur dans les dix jours ; ce délai est de rigueur, il n'est pas franc. (*Cass.*, 7 janvier 1895. *S.*, 1895, I, 143. — 8 avril 1895, *S.*, 1896, I, 136.)

L'avis donné par le juge de paix à l'appelant de la décision qu'il a rendue ne peut être considéré comme une notification régulière et ne suffit pas pour faire courir le délai d'appel. (*Cass. civ.*, 31 mars 1897. *Droit,* 11 juin 1897.)

La dénonciation doit, sous peine d'être nulle et d'entraîner la nullité du pourvoi, suivre et non précéder la déclaration du pourvoi au greffe. (*Cass. civ.*, 25 juin 1895 — 5 août 1895, *S.* 1897, I, 44). Les dates ont donc ici une grande importance.

La jurisprudence de la Cour de cassation est, d'ailleurs, assez rigoureuse pour tout ce qui tient à la régularité de la dénonciation.

Elle déclare nulle la dénonciation qui ne contient mention ni du domicile où elle a été affectuée, ni de la personne à qui elle a été faite. *(Cass. civ.*, 22 août 1896. *S.*, 1897, I, 528.)

De même la dénonciation faite au domicile élu chez un tiers, à l'appui d'une demande en inscription, dans un endroit où le défendeur n'était pas domicilié a été considérée comme ne satisfaisant pas au principe qui veut que la dénonciation soit faite « à domicile et à personne. » *(Cass. civ.*, 14 décembre 1897. *Gaz. trib.*, 23 décembre 1897.)

La dénonciation doit être faite par un huissier ou par un agent assermenté, commissaire de police, garde-champêtre, etc. La Cour de cassation annule celle qui est faite par le greffier de la justice de paix. (*Cass. civ.*, 8 avril 1895. *S.*, 1896, I, 367). A Paris, c'est même un privilège réservé aux huissiers audienciers près la cour de cassation. *(Cass. civ.*, 31 mars 1896, *S.* 1897, I,144.)

La copie, aussi bien que l'original de la dénonciation doit être, à peine de nullité, revêtue de la signature de l'agent assermenté ou huissier. *(Cass. civ.*, 14 juin 1895. *S.*, 1896, I, 415.)

Rien ne peut suppléer à l'absence d'une dénonciation régulière. Un récépissé délivré par la partie intéressée déclarant avoir reçu l'expédition du pourvoi, ne peut en tenir lieu, quand bien même ce récépissé serait revêtu du visa du maire et de celui du juge de paix., *(Cass. civ.* 13 avril 1897. *Droit*, 29 septembre 1897.)

Des lettres d'avis expédiées par le greffier de la justice de paix aux défendeurs sont également inopérantes. *(Cass. civ.*, 23 mars 1896. *S.*, 1897, I, 143.)

Le pourvoi en Cassation doit, à peine d'irrecevabilité, être dénoncé à tous ceux qui ont figuré dans l'instance d'appel et qui y ont été parties. Il n'appartient pas au demandeur en Cassation de rechercher s'ils y ont été appelés à bon droit.

Ainsi la dénonciation doit être faite, même au maire intervenu devant le juge de paix pour défendre la décision de la Commission municipale. (*Cass. civ.*, 30 mars 1896. *S.*, 1897, I, 463.)

Le principe de l'indivisibilité du pourvoi entraîne l'irrecevabilité du pourvoi qui n'a pas été dénoncé aux électeurs intéressés, même à l'égard du tiers électeur auquel il aurait été dénoncé régulièrement.

Nous n'avons rien d'utile à relever à propos de l'instance et de l'arrêt. Car ce sont les principes ordinaires de la procédure qui les régissent. Nous passons tout de suite à notre dernier paragraphe.

IV

PERMANENCE DE LA LISTE ÉLECTORALE

Le 31 mars, les listes électorales deviennent définitives par la clôture des opérations de révision. Toutes les rectifications résultant des décisions de la Commission administrative, de la Commission municipale et du juge de paix sont exécutées par les soins du maire. La liste définitive ainsi formée est déposée à la mairie et à la préfecture et, non pas affichée, mais mise librement à la disposition du public, qui peut en requérir communication et en prendre copie.

Jusqu'au 31 mars suivant, la liste demeurera la même, sans que le maire et l'administration y puissent apporter, de leur chef, aucune autre modification que la radiation des citoyens décédés ou privés de la jouissance de leurs droits civils et politiques au cours de l'année. Cette radiation peut être exigée par les tiers électeurs.

Les décisions rendues par les juges de paix, après le 31 mars, à la suite d'instances engagées dans les délais légaux, devront, par exception, être inscrites aussi sur la liste électorale, à mesure qu'elles seront devenues définitives.

Mais il est un cas unique dans lequel une instance ouverte après l'expiration des délais légaux, même après le 31 mars, même après l'ouverture des opérations de révision de l'année suivante, peut aboutir à une décision judiciaire et, en conséquence, à une modification de la liste définitive. C'est le cas où le nom d'un électeur antérieurement inscrit a été rayé de la liste au cours des opérations de révision, sans que cet électeur en ait été régulièrement averti. En effet, telle est la conséquence du principe de la permanence des listes, l'électeur inscrit une fois n'est pas astreint à surveiller chaque année le maintien de son inscription, et à plus forte raison de refaire la justification de son droit.

Si donc son nom a été rayé à son insu et que la notification de la décision qui a ordonné la radiation ne lui ait pas été notifiée dans les délais, on ne peut lui reprocher son inaction. Il est, comme nous l'avons vu plus haut, toujours à temps de s'adresser au juge de paix dès qu'il apprend la radiation qui lui fait grief, et il peut, par exemple, en janvier 1897, réclamer sa réinscription sur la liste électorale de 1896, d'après laquelle on votera jusqu'au 31 mars 1897. Ce point a été formellement reconnu, notamment par l'arrêt du 3 juin 1893, *S.* 1895, I, 411.

TABLE ANALYTIQUE DES MATIÈRES

PREMIÈRE PARTIE. — REVISION DES LISTES ÉLECTORALES

Commission administrative, page 7.

Délai dans lequel elle doit terminer ses opérations. — Recours administratif. — Annulation des opérations par les conseils de préfecture.

I. *Recours judiciaire.*— *Qui peut l'exercer*, page 9.

Electeur intéressé. — Tiers électeur. — Préfet et sous-préfet.

II. *Conditions de l'inscription.* — *Radiation*, page 10.

Preuve.— Questions préjudicielles. — Nationalité. — Majorité. — Jouissance des droits civils et politiques. — Interdits. — Greffiers. — Officiers ministériels. — Vol et flouterie d'aliments.— Amnistie.— Preuve de l'incapacité.— Résidence.— Domicile.— Inscription au rôle des Contributions directes ou des prestations. — Preuve de l'inscription au rôle. — Prestations. — Fraude. — Ministres du culte.— Fonctionnaires. — Professeurs de séminaires. — Principe de l'unité d'inscription. — Fait de la pluralité d'inscription.— Radiation — Demandée par l'électeur qui réclame une inscription nouvelle. — Demandée par un tiers électeur.— Préjudice causé par une demande en radiation.— Et par l'affichage de la radiation.

III. *Formes et délais.*

1° Devant la Commission municipale, page 29.

Forme de la réclamation.— Délai.— Communication des listes.— Responsabilité du maire. — Fermeture de la mairie. — Calcul du délai.— Formes de l'instance.— Notification.— Publication.

2° Devant le juge de paix, page 33.

Délai.— Parties intéressées.— Tiers.— Formes de l'appel.— Avertissement. — Absence de formes solennelles. — Nécessité des conditions substantielles. — Instance. — Jugement. — Compétence.— Recours au juge de paix, *omisso medio*.—Evocation du fond.— Preuves.— Voies de recours

3° En cassation, page 38.

Qui peut se pourvoir ? — Délai. — Effet du pourvoi. — Forme. — Dénonciation.

IV. *Permanence de la liste électorale*, page 41.

MANUEL

DE

JURISPRUDENCE ÉLECTORALE

CONTENANT

l'Analyse et le Commentaire des Décisions les plus récentes

en matière d'élections politiques

PAR

Pierre RAVIER DU MAGNY

AVOCAT A LA COUR D'APPEL, DOCTEUR EN DROIT

(Extrait de la *Revue catholique des Institutions et du Droit*)

2ᵉ PARTIE — OPÉRATIONS ÉLECTORALES

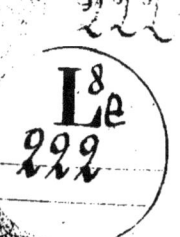

LYON

Bureaux de la REVUE CATHOLIQUE DES INSTITUTIONS ET DU DROIT
18, Rue François-Dauphin, 18

—

1898

DEUXIÈME PARTIE

OPÉRATIONS ÉLECTORALES

Nous avons étudié dans la première partie de ce travail la préparation lointaine, les travaux d'approche de l'élection. C'est l'élection elle-même dont il faut envisager maintenant les multiples opérations.

Quand nous traitions la revision des listes électorales, nous n'avons eu qu'à commenter les décisions de la justice civile. La compétence de la juridiction de droit commun se justifiait en cette matière par cette considération que c'était constamment l'*état* et la *capacité* des personnes qui se trouvait en jeu. Il n'en est plus de même pour les opérations électorales qui relèvent du droit administratif et du droit public. Aussi la juridiction compétente ne sera plus la juridiction civile, mais une juridiction administrative et politique.

On peut le regretter. Les garanties d'indépendance que notre organisation judiciaire a fondées tant sur l'inamovibilité de la magistrature que sur la séparation rigoureuse de ses pouvoirs d'avec toute attribution plus ou moins gouvernementale seraient d'autant plus précieuses ici que l'intérêt politique et la passion des partis sont plus engagés dans les conflits à résoudre. On fait valoir, d'ordinaire, pour justifier la compétence des tribunaux administratifs, l'expérience professionnelle de leurs membres en des questions par trop étrangères aux juges ordinaires. L'argument peut se soutenir quand il s'agit des Conseils de préfecture et du Conseil d'Etat juges des élections municipales et départementales. Mais il perd toute sa valeur quand il s'agit de la Chambre des députés ou du Sénat juges des élections politiques. Le juge ici est une majorité, c'est-à-dire une partie, et la préoccupation d'assurer la séparation du pouvoir législatif et du pouvoir judiciaire a fait enfreindre cet autre principe non moins essentiel que nul n'est juge en sa propre cause.

Nous avons restreint notre cadre à l'étude des élections politiques. Il ne s'ensuit pas cependant que nous n'ayons plus à apporter que les décisions de nos deux Chambres sur les demandes d'invalidation dont elles ont à connaître — la Chambre des députés, surtout — à la suite de chaque renouvellement. Les Chambres, en effet, ne sont pas des vrais tribunaux, et ici même apparaît leur insuffisance pour la besogne judiciaire qui leur est dévolue : leurs votes ne parviennent pas à constituer une jurisprudence. C'est dans les arrêts du Conseil d'Etat rendus sur les élections municipales et départementales qu'il faut chercher l'interprétation des lois et des règlements communs à toutes les opérations électorales. Les Chambres se réfèrent elles-mêmes à cette interprétation et ne font que l'appliquer aux espèces dont elles ont à connaître. On ne s'étonnera donc pas de nous voir citer presque exclusivement des arrêts du Conseil d'Etat. Nous n'en donnerons pas d'autre référence que les dates ; cette indication suffira pour les retrouver dans le « Recueil » presque officiel de Panhard.

Nous viserons encore quelques décisions émanées des juridictions pénales de droit commun. C'est que les Chambres ou le Conseil d'Etat, juges de l'élection, ne statuent que sur la validité des opérations électorales et leur résultat essentiel : la proclamation de tel ou tel élu. Mais ils laissent en dehors de leur examen le point de vue délictuel des irrégularités qui peuvent se glisser dans ces opérations. Les infractions aux lois générales ou spéciales commises en matière électorale ne seraient cependant pas suffisamment réprimées par l'annulation possible de l'élection ; il faut qu'un châtiment personnel soit infligé au coupable et c'est aux tribunaux répressifs qu'il appartient de le prononcer.

Notre seconde partie comprendra, comme la première, quatre paragraphes :

I. — Opérations préliminaires. Période électorale.
II. — Vote.
III. — Calcul et proclamation des résultats.
IV. — Recours. Contentieux de l'élection.

. I

OPÉRATIONS PRÉLIMINAIRES — PÉRIODE ÉLECTORALE

Le *décret* du Président de la République qui convoque les collèges électoraux pour l'élection des députés, et qui doit intervenir, aux termes de l'article 7 de la loi du 16 juin 1885 combiné avec l'article 16 de la loi du 30 novembre 1875, dans les soixante jours qui précèdent l'expiration des pouvoirs de la Chambre, en cas d'élections générales, dans les trois mois à dater de la vacance en cas d'élections partielles, ouvre la *période électorale*.

La période électorale, qui doit avoir une durée de vingt jours au moins, est comprise entre la promulgation du décret et l'ouverture des collèges électoraux. Avant de rappeler brièvement les dispositions légales exceptionnelles qui favorisent, pendant cette période, les rapports du candidat avec les électeurs, il faut parler du premier acte imposé aux citoyens qui veulent être candidats.

Déclaration de candidature. — Avant de se dissoudre, la Chambre élue en 1885, redoutant une campagne plébiscitaire sur le nom du général Boulanger, a interdit les canditatures multiples par la loi du 17 juillet 1889. La loi s'applique exclusivement aux élections à la Chambre des députés. L'article 2 oblige les candidats à déposer, *le cinquième jour au moins avant le jour du scrutin*, à la préfecture du département, une déclaration signée et légalisée, indiquant dans quelle circonscription ils entendent se présenter à l'élection.

Cette disposition empêche donc les candidatures de

la dernière heure. Elle oblige le candidat à faire une démarche publique et personnelle cinq jours au moins avant le scrutin. Elle ne lui permet pas de se réserver en laissant proposer sa candidature par un tiers. Même dans ce cas elle exige sa déclaration.

La période électorale ne commence plus véritablement qu'à dater de la déclaration. Elle peut, en fait, être par là même considérablement écourtée. En effet, ce n'est qu'après la déclaration qu'il est permis de faire acte de candidat ou acte pour le candidat. L'apposition d'affiches, l'envoi ou la distribution de circulaires, bulletins ou professions de foi, émanés du candidat ou publiés en son nom, sont interdits par la loi. Et la sanction de cette interdiction est rigoureuse.

La candidature non déclarée, d'abord, est nulle. Les bulletins au nom du candidat n'entrent pas en compte dans le résultat du dépouillement.

Sanctions pénales. — Mais de plus, les affiches, placards, professions de foi, bulletins de vote, apposés ou distribués, sont enlevés ou saisis (art. 5, loi de 1889). Le caractère exorbitant de cette mesure permet de douter qu'elle soit applicable aux articles de journaux, qui ne sont pas explicitement compris parmi les publications visées dans le texte.

Enfin le candidat encourt une amende de 10.000 francs et les autres personnes, — par exemple l'imprimeur ou même le simple distributeur, une amende de 1.000 à 5.000 francs. Ces pénalités ont été plusieurs fois appliquées (*Montpellier,* 8 mars 1890, *J. P.* 1890, I, 472. — *Cass. crim.,* 5 avril 1890, 3 août 1894, *J. P.* 1895, I, 200).

L'infraction à la loi de 1889 constitue-t-elle un délit ou une simple contravention? La Cour de cassation fait à cette question la réponse la plus rigoureuse. La Cour admet, en effet, d'une part, que l'élément intentionnel nécessaire à l'existence de tout délit n'a rien à faire ici ; et, d'autre part, elle décide que la juridiction compétente pour réprimer l'infraction est le tribunal correctionnel, ce qui lui donne tous les caractères et toutes les conséquences d'un délit (*Cass. crim.,* 21 mars 1890).

La loi réprime, nous l'avons dit, les infractions commises même par d'autres personnes que le candidat. Si le candidat en faveur de qui ont été commises les manœuvres délictuelles n'y est pas intervenu personnellement, si même il les ignore ou simplement s'il n'entend pas en profiter, pourra-t-il être poursuivi comme complice? Assurément non, la complicité suppose toujours un fait personnel. (*Cour de Riom*, 12 février 1890).

Le fait de la déclaration de candidature ayant une aussi grande importance au point de vue pénal, il importe de préciser à quel moment exactement il est réputé suffisant. La loi semble inviter le candidat à retirer de sa déclaration d'abord un récépissé provisoire, et dans les vingt-quatre heures un récépissé définitif. Faut-il que ce récépissé ait été délivré pour qu'il soit permis de faire acte de candidat? Suffit-il que le délai de vingt-quatre heures, au bout duquel le récépissé définitif doit avoir été délivré, soit écoulé, que la délivrance du récépissé ait d'ailleurs ou n'ait pas été faite? Ou bien enfin la déclaration toute seule est-elle valable par elle-même, le récépissé n'ayant d'autre utilité que celle d'un moyen de preuve? C'est à cette dernière solution que la jurisprudence s'est arrêtée. (*Cour de Bourges*, 14 novembre 1889, *Cass. crim.*, 4 mars 1890).

La déclaration est un moyen d'empêcher les candidatures multiples. Elle n'a pas pour but d'opposer une barrière de plus aux candidatures illégales. Une circulaire ministérielle du 17 juillet 1889, qui n'a pas été publiée mais à laquelle il a été fait allusion par le ministre lui-même devant la Chambre des députés, rappelle aux préfets qu'ils n'ont pas à se faire juges de l'éligibilité des candidats. Leur rôle se borne à enregistrer les déclarations et à les soumettre au ministère de l'intérieur qui les centralise et aux maires qui les publient dans les communes. On a cependant refusé au général Boulanger, condamné par contumace par la Haute-Cour en 1889, de recevoir sa déclaration de candidature, sans que la Chambre, saisie de ce procédé, l'ait déclaré nettement illégal. On argumentait sur ce que le contumax n'était plus un *citoyen français*, que les cas d'interdiction légale, de dégradation civique, en un mot d'incapacité absolue de faire une déclaration valable, s'ils sont notoires, ne permettent pas aux préfets de recevoir une déclaration qu'ils savent pertinemment nulle et inopérante. C'est là un sophisme dangereux qui ne peut aboutir logiquement qu'à donner aux préfets la connaissance des questions réservées au juge de l'élection.

Réunions électorales. — Pendant la période électorale, le droit de réunion est un peu modifié en faveur des « réunions électorales », c'est-à-dire de celles qui ont pour but l'audition ou le choix des candidats, et auxquelles ne prennent part que les électeurs de la circonscription, les candidats et leurs mandataires, enfin, les membres des deux Chambres.

Les réunions doivent être précédées de la déclaration préalable signée par deux personnes, dont l'une au moins domiciliée dans la commune. Mais il suffit que cette déclaration ait lieu deux heures avant la réunion.

Affiches. — Les affiches électorales, les circulaires et professions de foi distribuées sont dispensées du timbre, pourvu qu'elles émanent du candidat lui-même.

Elles peuvent être apposées sur tous les édifices publics autres, que sur les édifices consacrés au culte. Nous rappelons cette disposition formelle de la loi du 29 juillet 1881. Les maires et les curés peuvent s'en autoriser pour faire enlever les affiches indûment placardées. Il n'y a pas, d'ailleurs, de sanction pénale à cette règle.

Les affiches électorales sont protégées d'une façon toute particulière par la loi. Encourt une amende de 5 à 25 francs quiconque enlève, déchire, recouvre ou altère de manière à les travestir ou à les rendre illisibles, des affiches électorales *émanant de simples particuliers.* Toutefois cette peine cesse d'être applicable à l'égard du propriétaire qui détruit ou dénature l'affiche apposée sur son immeuble. La Cour de cassation a assimilé à cet égard le locataire principal de l'immeuble au propriétaire (*Cass.*, 15 novembre 1884).

L'amende peut être, bien entendu, aggravée par une condamnation en dommages intérêts sur la plainte de la partie lésée.

Elle est portée de 16 à 100 francs et peut être même remplacée ou aggravée par un emprisonnement de 6 jours à un mois pour les fonctionnaires ou les agents de la force publique. Le tribunal des conflits a décidé que le fonctionnaire commettait là un fait personnel de nature à engager sa responsabilité et à l'exposer au recours de la partie lésée (*Conflits*, 15 février 1890).

Affiches blanches. — La candidature officielle est rigoureusement interdite, chacun le sait, et le papier blanc réservé aux actes émanés de l'administration n'est pas permis aux affiches des candidats. L'apposition d'affiches sur papier blanc pourrait être retenue par le juge de l'élection comme une manœuvre de nature à influencer l'esprit des électeurs et, par suite, à vicier leur vote. L'annulation de l'élection en pourrait résulter. Mais cela doit-il s'entendre de toute espèce d'affiche sur toute espèce de papier blanc? En ce cas, comme en beaucoup d'autres soumis à la sagesse des députés-juges, la qualité du candidat a plus d'influence que la qualité du papier. La Chambre n'a pas voulu voir de manœuvre répréhensible dans l'affichage d'un morceau de journal adroitement découpé (*Ch. D.*, 4 novembre 1881, élection de Saint-Etienne).

Pression administrative. — La candidature officielle ne réside pas seulement dans la couleur des affiches. Tout acte de pression directe ou indirecte exercé par l'administration sur l'esprit des électeurs en relève plus ou moins.

La distribution aux fonctionnaires ou aux indigents de bulletins marqués d'un signe spécial est de nature à porter atteinte à la liberté des électeurs et peut entraîner l'annulation de l'élection (*C. Et.*, 4 décembre 1896).

Un maire, candidat à l'élection, avait fait apposer le matin du vote un grand nombre d'exemplaires d'une affiche reproduisant deux télégrammes du préfet, relatifs à la construction d'un groupe scolaire dans sa commune ;

d'autre part, une autre affiche apposée la veille du scrutin reproduisait inexactement un ancien arrêté du préfet instituant, il y avait bien des années de cela, une commission municipale à la place du conseil municipal dissous. Ceci se passait dans les Basses-Alpes. Il a paru que ces affiches pouvaient égarer les électeurs et l'élection a été annulée (*C. Et.*, 18 décembre 1884).

Mais il a été jugé qu'en publiant des manifestes en faveur d'un candidat, les maires d'une circonscription n'ont fait qu'exercer le droit appartenant à tout électeur et non pas user de l'autorité qu'ils tiennent de leurs fonctions (*C. Et.*, 14 novembre 1896). Cette décision est très correcte. Les maires sont les élus du suffrage universel et non pas les fonctionnaires amovibles du pouvoir central.

Toutefois, la solution a été différente pour des lettres recommandant une candidature envoyées par des maires aux électeurs, parce que ces lettres avaient été revêtues du cachet de la mairie (*C. Et.*, 14 novembre 1896).

Manœuvres. Intimidation. — La pression exercée au nom de l'administration ou par ses agents n'est pas la seule dangereuse. Le candidat, un électeur influent peuvent encore, par les manœuvres auxquelles ils se livrent, exercer une contrainte morale sur les électeurs, déplacer la majorité et fausser les résultats de l'élection.

Ces manœuvres peuvent consister d'abord dans de simples tentatives d'intimidation.

C'est ainsi que l'apposition, dans la nuit précédant le vote, d'une affiche du directeur d'une mine engageant les ouvriers à voter pour un candidat déterminé, a été considérée comme de nature à entraîner l'annulation de l'élection (*C. Et.*, 7 mai 1897 ; *Droit*, 22 mai 1897).

Il en a été de même de promesses conditionnelles d'embauchage.

Les menaces sont encore plus caractéristiques. Un grief tiré de ce que le candidat élu, notaire, avait adressé des menaces à certains de ses débiteurs ou des débiteurs de ses clients, pour les contraindre à voter pour lui, a paru très justement sérieux au Conseil d'Etat (*C. Et.*, 25 juillet 1896).

Fausses nouvelles. — Une autre forme de manœuvres, c'est celle qui consiste à égarer l'opinion des électeurs pour les amener à voter, non plus sous la pression d'une contrainte morale, mais sous l'influence d'une fausse impression.

Il faut, dans ce cas comme dans tous les autres cas de manœuvres, que les fausses nouvelles aient été assez vraisemblables pour exercer une influence véritable sur les résultats de l'élection. Ainsi, l'annonce du prétendu désistement d'un électeur qui n'avait jamais posé sa candidature, en faveur du candidat élu, ne pourrait pas être prise en sérieuse considération par le juge de l'élection, les électeurs connaissant d'avance quels sont les candidats (*C. Et.*, 27 juillet 1896), et, pour les élections législatives, la loi de 1889 obligeant ceux-ci à faire d'avance une déclaration qui doit être publiée dans les communes de la circonscription.

Une manœuvre, fréquente dans les élections faites au scrutin de liste, est la publication de listes frauduleuses sur lesquelles, pour se donner plus de crédit, des candidats font figurer à côté de leur nom ceux de certains de leurs adversaires sans leur assentiment. Ces listes de prétendue « conciliation » peuvent entraîner l'annulation de l'élection (*C. Et.*, 15 janvier 1897; *Droit*, 2 février, 1897).

Cette manœuvre expose d'ailleurs ses auteurs à des poursuites de la part des candidats dont le nom a été abusivement exploité. Il a été plusieurs fois reconnu par les tribunaux que c'est un droit absolu pour chaque citoyen de ne figurer que de son plein gré sur une liste électorale, et que, en conséquence, l'*imprimeur* doit à ce citoyen réparation du préjudice qu'il lui a causé en imprimant et distribuant une liste portant à tort son nom. (*Doullens*, 4 novembre 1886; *Loi*, 10 novembre, 1896; *C. Et.*, 25 juillet 1896.)

On pourrait voir une manœuvre dans le fait, pour un candidat de se parer de titres et de qualités qu'il ne possède pas. Mais on ne saurait lui faire grief de se prévaloir de ceux qui lui appartiennent légitimement, ni prétendre qu'il cherche par là à exercer une pression répréhensible sur les électeurs. Cela a été décidé notamment pour un candidat qui faisait suivre son nom sur les bulletins de sa qualité de juge suppléant (*C. Et.*, 19 décembre 1896).

Corruption. — Les plus graves et les plus fréquentes parmi les manœuvres qui peuvent vicier l'élection sont les faits de corruption. Ils se présentent soit sous forme de distribution d'argent ou de boisson (*C. Et.*, 4 décembre 1896), soit sous forme de distribution d'emplois (*C. Et.*, 31 juillet 1896).

Mais s'il est naturel de voir dans les distributions injustifiées, inexplicables autrement, des faits de corruption, il ne faut pas tenir pour tels la rémunération d'un service rendu, comme serait une distribution d'argent aux électeurs qui ont fait le travail de porteurs de billets (*C. Et.*, 17 janvier 1896), ou une libéralité habituelle et conforme aux usages. On a considéré, dans cet ordre d'idées, qu'il n'était pas établi qu'un banquet offert le jour des opérations électorales à un certain nombre d'électeurs par un candidat, donné conformément aux habitudes locales, ait pu avoir pour effet de porter atteinte à la liberté ou à la sincérité du vote (*C. Et.*, 27 novembre 1896).

Importance relative de ces diverses manœuvres. — Les manœuvres diverses dont nous venons d'indiquer des exemples ne sont pas toujours d'une égale gravité et il ne suffit pas d'en relever un cas au cours d'une élection pour obtenir l'annulation de l'élection. Le juge de l'élection apprécie souverainement si les faits allégués ont été, dans l'espèce, assez fréquents et assez considérables pour avoir pu exercer une influence sérieuse sur les électeurs et modifier les résultats du vote. Il ne s'agit pas de savoir si les résultats du vote ont réellement été viciés, ce qui serait presque impossible à établir, mais s'ils ont pu l'être. On voit combien est large et peu défini le pouvoir d'appréciation laissé aux juges. Quoiqu'il en soit, voici quelques applications de cette théorie.

Deux faits de corruption ne sauraient être considérés comme ayant pu avoir pour effet de modifier les résultats d'un scrutin en présence d'une majorité considérable attribuée au candidat élu (*C. Et.*, 31 juillet 1896).

Bien qu'il soit regrettable que certaines nominations à différents emplois aient été faites pendant la période électorale, s'il n'est pas établi que ces nominations ont pu avoir une influence sur le résultat des opérations électorales, le grief est rejeté (*C. Et.*, 31 juillet 1896).

Le grief tiré des menaces adressées par le candidat élu à certains électeurs n'a pas été retenu en présence de sa majorité extrêmement considérable (*C. Et.*, 25 juillet 1895).

Il y a une tentative regrettable de pression dans la distribution des bulletins par le garde champêtre. Mais s'il n'est pas établi qu'aucune atteinte ait été portée par cette distribution à la liberté des électeurs, le grief n'est pas retenu (*C. Et.*, 17 janvier 1896).

Presse. Injure. Diffamation. — Les polémiques électorales, qu'elles se produisent par la voie des affiches ou par celles des journaux, sont licites et nécessaires en elles-mêmes, mais elles ne doivent pas dégénérer en délits de droit commun. La limite est difficile à fixer entre les discussions permises et les attaques prohibées. En principe, la critique des actes publics des candidats est libre. On a été jusqu'à dire que « sur de pareils sujets, des allégations *même contraires à la justice et à la vérité* ne sauraient être incriminées. » La seule défense laissée au candidat dont les actes ou les opinions seraient travestis résiderait dans le droit de réponse. Il faudrait réserver le caractère délictuel aux allégations relatives à la vie privée des candidats.

Nous ne croyons pas cette théorie acceptable et nous demandons qu'on s'en tienne au principe formulé par la Cour de cassation en termes d'une parfaite clarté : « Si les électeurs ont le droit de discuter les candidats, leurs opinions et leurs actes, ce droit ne peut aller jusqu'à la diffamation et il s'arrête où le délit commence » (*Cass. crim.*, 10 novembre 1876 ; *S.* 1877, I, 137).

C'est bien la doctrine appliquée par la Chambre criminelle dans une affaire où la désignation de franc-maçon était imputée à un candidat sur la même affiche où la franc-maçonnerie était désignée comme une « secte qui reçoit son mot d'ordre d'un escroc et d'un bandit. » La Cour a sagement estimé que «'la circonstance que les « imputations diffamatoires se sont produites au cours « d'une période électorale ne saurait en modifier le ca- « ractère » (*Cass. crim.*, 12 février 1897 ; *S.* 1897, I, 296).

Peut-être serait-il bon, cet exemple le montre, pour mieux assurer la libre discussion des candidatures, d'assimiler pendant la période électorale le candidat à un fonctionnaire et d'autoriser contre lui la preuve des imputations injurieuses ou diffamatoires. C'est une réforme qu'un législateur libéral pourrait un jour introduire dans notre législation sur la presse. L'article 60 de la loi du 29 juillet 1881 se borne à réduire dans ce cas à vingt-quatre heures, outre les délais de distance, le délai de la citation. C'est peut-être restreindre beaucoup les moyens de défense des candidats contre des allégations injustes, sans élargir pour cela le champ des discussions utiles.

Les délits de presse dont un candidat a été victime peuvent, d'ailleurs, indépendamment de toute poursuite et de toute répression directe, être retenus par le juge de l'élection comme ayant influencé les électeurs et faussé leur vote. Le juge de l'élection tient grand compte des circonstances, par exemple de la réciprocité des attaques et de la plus ou moins grande facilité avec laquelle le droit de réponse a pu s'exercer.

II

VOTE

Bureau électoral. — Le scrutin a lieu, dans les locaux désignés par l'autorité administrative, au chef-lieu de la commune ou dans les sections. Il est présidé, dans chaque bureau de vote, par le bureau électoral composé d'un président, de quatre assesseurs et d'un secrétaire, conformément à l'article 12 du décret réglementaire du 2 février 1852.

La composition irrégulière du bureau, malgré la protestation des électeurs présents, serait de nature à entraîner l'annulation des opérations (*C. Et.*, 27 novembre 1896).

Président. — La présidence du bureau appartient au maire ; en son absence, aux adjoints et conseillers municipaux désignés par le maire dans l'ordre du tableau.

La désignation irrégulière du président n'entraîne l'annulation des opérations du scrutin qu'autant qu'il s'est produit des réclamations lors de la formation du bureau (*C. Et.*, 31 janvier 1896).

La désignation faite irrégulièrement par le maire d'un conseiller municipal sans observer l'ordre du tableau, alors même qu'elle a provoqué une réclamation, n'entraîne pas l'annulation des opérations, si le maire a fait immédiatement droit à la réclamation (en l'espèce dès 9 heures du matin) et envoyé l'adjoint prendre la présidence, alors d'ailleurs qu'il n'est justifié d'aucune fraude (*C. El.*, 19 décembre 1896).

Dans une commune de Corse, l'adjoint président régulier d'un bureau électoral avait suspendu les opérations, emporté l'urne et le procès-verbal, une heure après l'ouverture du scrutin. Le préfet a désigné le même jour un délégué pour procéder immédiatement à la reprise des opérations (art. 85 de la loi du 5 avril 1894). Le pourvoi formé de ce chef contre la validité des opérations a été justement rejeté (*C. Et.*, 13 novembre 1896).

Assesseurs. — Les quatre assesseurs doivent être les deux plus âgés et les deux plus jeunes électeurs présents à l'ouverture du scrutin. L'irrégularité consistant en ce qu'un bureau avait été composé par le maire, malgré la réclamation d'un électeur, de quatre conseillers municipaux qui n'étaient pas les deux plus âgés et les deux plus jeunes électeurs présents a entraîné l'annulation de l'élection (*C. Et.*, 11 décembre 1896).

Les assesseurs doivent être lettrés. La présence d'un assesseur illettré au bureau vicierait les opérations ; mais la simple signature d'un assesseur apposée au procès-verbal est une présomption suffisante qu'il est lettré (*C. Et.*, 13 janvier 1894).

Les irrégularités dans la composition du bureau entraînent toujours l'annulation des opérations, si elles ont provoqué des réclamations de la part des électeurs et s'il n'a pas été fait droit à ces réclamations. En l'absence de toute réclamation, elles n'entraînent l'annulation des opérations qu'autant qu'elles ont pu vicier le résultat du scrutin ; c'est la règle générale.

Le bureau composé, trois de ses membres au moins doivent être présents pendant toute la durée des opérations (Décret du 2 février 1852, article 15 ; loi du 5 avril 1884, art. 19).

Mais l'absence, pendant une partie du scrutin, de l'un de ces trois membres n'entraînerait cependant l'annulation des opérations qu'autant que cette irrégularité aurait eu pour effet de favoriser une fraude (*C. Et.*, 21 novembre 1896).

Durée du scrutin. — Le scrutin dure un jour, de 8 heures à 6 heures, à moins que ces heures ne soient modifiées dans l'arrêté du préfet. Il doit être ininterrompu.

Dans la commune de Corse dont nous avons déjà cité le cas étrange, les opérations du scrutin avaient été interrompues par la fuite de l'adjoint président du bureau, et de plus, par suite de cette interruption, elles n'avaient pas eu leur durée normale. Néanmoins, comme sur 127 électeurs inscrits 78 avaient voté et 46 avaient été constatés absents ou engagés sous les drapeaux, et que les voix des trois électeurs qui restaient en dehors de ce calcul auraient été sans influence sur le résultat du scrutin, l'élection n'a pas été annulée (*C. Et.*, 13 novembre 1896).

Dans une autre commune, la fermeture de la salle de vote de midi à 3 heures, à raison de la fête patronale, n'a pas été davantage retenue comme un cas de nullité, parce qu'il était constaté qu'elle n'avait empêché aucun électeur de prendre part au vote et que l'auteur de la protestation ne justifiait pas que cette fermeture ait favorisé aucune fraude (*C. Et.*, 31 juillet 1896).

Ouverture du scrutin. — Le président s'assure de la présence, sur la table du bureau, des pièces suivantes :

1° Copie de la liste électorale et tableau rectificatif ;

2° Texte des lois du 30 novembre 1875 et 5 avril 1884 ;

3° Tableau des circonscriptions électorales du département ;

4° Décret de convocation des électeurs ;

5° Texte des décrets du 2 février 1852 ;

6° Texte des instructions ministérielles relatives aux opérations des assemblées électorales ;

7° Feuille d'inscription des votants.

Puis, une fois le bureau régulièrement composé, il déclare le scrutin ouvert.

Il retourne la boîte du scrutin en présence des électeurs pour faire constater qu'elle est vide.

Il en ferme les serrures et remet une des clefs au scrutateur ou à l'assesseur le plus âgé.

Aucune de ces formalités n'est d'ailleurs substantielle (*C. Et.*, 27 juillet 1893).

Accès de la salle de vote. — L'entrée de la salle de vote est permise aux seuls électeurs, mais elle doit leur être librement ouverte. Il est interdit d'entrer avec des armes dans la salle. Cette prescription s'applique même aux agents de la force publique, à moins qu'ils ne soient requis par le président du bureau (*C. Et.*, 3 décembre 1892).

Les bulletins doivent être préparés et distribués hors de la salle de vote. L'infraction à cette règle entraînerait l'annulation des opérations, car la jurisprudence est très rigoureuse en tout ce qui touche au secret du vote. Toutefois, s'il n'est pas justifié qu'aucun électeur ait été invité à se servir des bulletins à tort déposés sur la table du bureau, le fait seul du dépôt ne suffit pas à constituer un chef d'annulation (*C. Et.*, 31 juillet 1896).

Quels électeurs peuvent voter? — Tous les électeurs inscrits sur la liste électorale et le tableau rectificatif, et tous ceux qui sont porteurs d'une décision du juge de paix ordonnant leur inscription ou d'un arrêt de cassation annulant un jugement qui aurait prononcé leur radiation. Il n'est pas nécessaire, dans ce dernier cas, de produire l'expédition de l'arrêt ou du jugement. Il suffit de présenter un certificat du greffier (*C. Et.*, 7 août 1897).

Quid, si la décision alléguée est frappée d'un pourvoi en cassation ou d'opposition?

Comme le pourvoi n'est pas suspensif, l'électeur muni de la décision attaquée pourra sans contestation exercer le droit de vote; nous avons eu déjà l'occasion de le faire remarquer.

Mais la solution devrait, d'après les principes, être différente pour l'opposition. C'est ce qu'estimait en 1884 le ministre de l'intérieur. Le Conseil d'Etat s'est prononcé néanmoins pour l'admission de l'électeur et la validité du vote. Il paraît avoir considéré que le bureau ne peut attendre pour statuer que la décision judiciaire soit rendue sur l'opposition et qu'il doit, vu cette impossibilité, se contenter d'une simple présomption légale en faveur du droit de l'électeur (*C. Et.*, 5 avril 1884, 22 avril 1893).

Cartes d'électeur. — Les municipalités doivent dresser une carte au nom de chaque électeur. Cette carte est délivrée à la mairie pendant les deux ou trois jours qui précèdent le scrutin et dans la salle même du vote ou dans une salle voisine le jour du scrutin. Les municipalités les font souvent aussi distribuer à domicile, mais elles n'y sont pas obligées par la loi.

D'ailleurs, les cartes d'électeur sont un simple moyen de constater l'identité des votants. Il n'est pas nécessaire, pour être admis au vote, d'être porteur de sa carte, si l'identité n'est pas contestée ou si l'on peut en fournir la preuve par d'autres moyens, par exemple par témoins. Et, réciproquement, il ne suffit pas d'être porteur d'une carte pour être admis au vote, si l'identité du porteur est contestée.

Effet sur l'élection du vote d'électeurs illégalement inscrits. — Mais si des électeurs ont profité d'une inscription irrégulière pour voter, n'y aura-t-il pas là un vice des opérations électorales et un cas d'annulation de l'élection ? — Cela dépend. Si l'irrégularité de l'inscription est le fait d'une fraude ou d'une manœuvre, ou si elle est telle que la sincérité du scrutin ait pu s'en trouver altérée, il faut admettre l'affirmative (*C. Et.*, 29 décembre 1894, 31 janvier 1896). Mais si l'irrégularité n'a pas pu avoir ce résultat, le juge de l'élection n'a pas à en connaître. C'est seulement devant l'autorité judiciaire et dans les délais prescrits par la loi qu'une réclamation pouvait utilement se produire. La clôture des listes étant définitive, l'inscription irrégulière, mais non frauduleuse, demeure acquise jusqu'à la prochaine révision (*C. Et.*, 19 mai 1893, 28 novembre 1896).

Double vote. — Nous avons vu, dans la première partie, qu'un électeur pouvait être inscrit sur plusieurs listes à la fois. S'il use simultanément de ses multiples inscriptions, son premier vote seul est valable, le second est délictueux, le rend passible de poursuites correctionnelles et de plus peut être retenu par le juge de l'élection comme un cas d'annulation.

Mais en quoi consiste précisément le fait délictueux de double vote ?

Le Conseil d'Etat et la Cour de cassation, c'est-à-dire le juge de l'élection et le juge du délit ne paraissaient pas d'accord sur ce point.

Plus libéral, le Conseil d'Etat tenait le raisonnement suivant : La loi du 5 avril 1884 a bien fait disparaître la dualité des listes, mais non la distinction des choses qui était la raison d'être de cette dualité. On peut encore avoir des intérêts municipaux et des intérêts politiques distincts, être inscrit par conséquent, quoique à des conditions désormais identiques, sur deux listes différentes, et profiter de ces deux inscriptions, mais en n'usant de chacune que dans la sphère, municipale ou politique, qui est sa raison d'être propre. Nous forçons à dessein les termes de cette argumentation, mais c'est pour en rendre plus nette la conclusion : savoir, qu'il n'y a double vote capable d'entraîner l'annulation de l'élection qu'autant que les deux votes ont été émis *dans deux élections du même ordre*. Mais s'ils ont été émis dans deux élections d'ordre différent, ils sont tous deux valables ; il n'y a pas à proprement parler double vote (*C. Et.*, 17 mars 1894, 2 février 1895).

Par élections d'ordre différent, au sens du Conseil d'Etat, il faut entendre, d'une part, celles auxquelles servait avant 1884 la liste dite municipale (élections municipales et départementales), et, d'autre part, celles auxquelles servait la liste dite politique.

Pour la Cour de cassation, au contraire, le délit consistait purement et simplement à profiter d'une inscription multiple. L'article 34 du décret du 2 février 1852 est, pour elle, absolument formel ; l'article 31 du même décret ne punit-il pas, d'ailleurs, toute personne qui a réclamé et obtenu son inscription sur deux ou plusieurs listes électorales ? « De la combinaison de ces deux textes résulte l'intention du législateur d'interdire à tout citoyen de faire acte d'électeur dans deux communes différentes. »

Mais dans un arrêt récent, la formule que nous venons de citer est complétée par ces mots : « à l'occasion d'élections de même nature. » Est-ce une adhésion à la doctrine du Conseil d'Etat ? Il nous semble difficile d'y voir autre chose. Et la formule est d'autant plus à retenir que ce grave arrêt, rendu par la Chambre criminelle après un premier arrêt de partage, contrairement à l'opinion du conseiller rapporteur et de l'avocat général, est particulièrement rigoureux sur un autre point.

Il s'agissait de savoir si l'interdiction du vote multiple pouvait être limitée à des scrutins de même degré dans les deux communes, et au cas seulement où le premier scrutin auquel l'électeur a pris part a donné un résultat définitif.

La Cour n'accepte pas cette limitation.

« Si dans la première commune où l'électeur a voté, dit-elle, le premier tour de scrutin n'a pas abouti à une élection, l'électeur n'a pas moins par son vote concouru au résultat provisoirement obtenu. Il a ainsi épuisé son droit de citoyen et si la nécessité d'un deuxième scrutin fait revivre ce droit, ce n'est que dans la commune où il avait voté au premier tour et non dans une autre » (*Cass. crim.*, 21 janvier 1897 ; *S.*, 1897, I, 253).

La Cour de Nîmes a fait une intéressante application de cette doctrine en punissant pour vote multiple le citoyen qui, après avoir voté dans une commune à l'occasion du renouvellement général des conseils municipaux, a profité de son inscription sur la liste d'une autre commune pour voter l'année suivante à l'occasion de ces mêmes élections dans cette seconde commune où les élections de l'année précédente avaient été annulées (*Nîmes*, 28 octobre 1897 ; *Mon. Lyon.*, 31 décembre 1897).

Il s'agissait là d'un cas tout spécial. Il ne peut y avoir habituellement double vote, on le comprend, que dans le cours de la même année, c'est-à-dire du 31 mars au 31 mars. Avec chaque revision de liste électorale, le citoyen qui a conservé, en dehors de son fait personnel, des inscriptions multiples, recouvre absolument son droit d'option entre chacune d'elles.

Il n'est peut-être pas inutile de rappeler ici la pénalité encourue par les électeurs qui se rendent coupables du délit de double vote. L'article 34 du décret du 2 février 1852 punit ce fait d'un emprisonnement de six mois à deux ans et d'une amende de 200 à 2.000 francs.

Remise des bulletins. — Le vote s'opère de la manière suivante : L'électeur remet au président du bureau son bulletin fermé. Le président introduit dans l'urne le bulletin, sans le déplier. La présentation d'un bulletin ouvert serait une atteinte au secret du vote et ce pourrait être un cas d'annulation.

Le vote est personnel ; l'électeur ne peut faire remettre par un tiers son bulletin au président.

Emargements. — Le vote de chaque électeur est constaté par la signature ou le paraphe de l'un des membres du bureau, apposé sur la liste d'émargement, en face du nom du votant. La liste d'émargement est la copie de la liste électorale qui doit demeurer déposée sur la table du bureau pendant toute la durée du scrutin, et pendant huit jours après le vote au secrétariat de la mairie.

L'omission de ce dépôt, et *a fortiori* celui de la tenue régulière de la liste d'émargement, rendrait vraisemblable l'existence de fraudes ou de manœuvres tendant à empêcher la vérification des résultats du scrutin et entraînerait l'annulation de l'élection (*C. Et.*, 17 février 1894 — 20 juillet 1894).

Il faudrait que l'absence de toute fraude certaine fût et qu'il y eût impossibilité matérielle à ce que les erreurs présumables aient pu modifier le résultat du vote, pour que l'élection fût validée quand même (*C. Et.*, 5 mai 1894).

Forme des bulletins. — Le président du bureau doit accepter tous les bulletins qui lui sont remis par des électeurs dont il a constaté l'identité. Certaines circulaires ministérielles recommandent aux présidents de bureau de refuser les bulletins de couleur et ceux qui portent des signes extérieurs. La jurisprudence du Conseil d'Etat est absolument contraire à ces prescriptions et c'est à elle qu'il faut s'en tenir, car si la validité de ces bulletins peut être contestée, ainsi que nous allons l'expliquer, lors du dépouillement, aucune disposition de la loi n'autorise le président du bureau à refuser de les déposer dans l'urne (*C. Et.*, 24 juillet 1881).

La forme des bulletins n'est réglementée qu'en vue d'assurer le secret du vote et d'empêcher par conséquent les signes de reconnaissance qui individualiseraient les bulletins et permettraient de connaître le vote de tel ou tel électeur.

Couleur. — La première règle est qu'ils doivent être écrits ou imprimés sur *papier blanc*. (Art. 25, loi du 2 avril 1884.)

Mais par là il ne faut pas entendre du papier d'un blanc idéal et uniforme. S'il y a eu, en effet, plusieurs propositions de la loi déposées à la Chambre et tendant à la fabrication par l'Etat d'un papier de type uniforme destiné aux bulletins de vote, ces propositions n'ont pas abouti et chacun est libre de choisir comme il le veut son papier dans toutes les nuances du blanc et dans toutes les épaisseurs qui n'en feraient pas cependant du carton.

Il a été jugé notamment que les bulletins imprimés sur papier quadrillé doivent être regardés comme étant sur papier blanc et ne portant pas de signe extérieur (*C. Et.*, 27 novembre 1896).

Signes extérieurs. — Tout signe extérieur est rigoureusement interdit sur les bulletins, par exemple une échancrure, une marque au crayon ou à l'encre. Mais encore faut-il que ces signes et marques aient été faits intentionnellement. Une tache, une déchirure accidentelle ne devraient pas faire annuler le bulletin (*C. Et.*, 26 décembre 1896).

N'ont pas été qualifiées de signes extérieurs :

Une fente longitudinale à l'endroit où un trait sépare deux lignes d'imprimerie. Cette fente semblait produite par ce trait lui-même qui aurait trop fortement appuyé lors du tirage (*C. Et.*, 29 décembre 1896).

Ni la marque du fabricant figurant en partie sur les bulletins (*C. Et.*, 13 novembre 1896).

Signes de reconnaissance. — Les signes de reconnaissance placés à l'intérieur des bulletins ne sont pas moins prohibés que les signes extérieurs car ils permettent de reconnaître le bulletin au moment du dépouillement.

Ont été considérés comme présentant des signes de reconnaissance, et par conséquent annulés :

Des bulletins numérotés 1 à 7 qui contiennent à la suite ou à la place des noms imprimés des candidats d'autres noms variant avec chaque bulletin et écrits de la même main (*C. Et.*, 26 décembre 1896).

Des bulletins portant les noms des candidats disposés en étoile (*C. Et.*, 6 novembre 1896).

Mais n'ont pas été regardés comme présentant des signes de reconnaissance :

Un bulletin sur lequel les mots « élections municipales » servant de titre étaient écrits en marge au lieu d'être inscrits en tête (*C. Et.*, 19 décembre 1896).

Un bulletin sur lequel le nom d'un candidat avait été ajouté à l'encre violette (*Ibid.*).

Un bulletin sur lequel une barre finale avait été tracée au-dessous de la liste des candidats (18 décembre 1896).

Des bulletins sur lesquels on avait effacé le nom du candidat imprimé en collant une bande de papier au nom d'un autre candidat, mais en laissant apparaître les qualités du candidat dont le nom était effacé (*C. Et.*, 21 novembre 1896).

Des bulletins sur lesquels les noms imprimés avaient été rayés et remplacés à la main (*Ibid.*).

Des bulletins sur lesquels on avait ajouté à la main au nom imprimé, soit un sobriquet, soit une mention étrangère à l'élection (*Ibid.*).

Des bulletins imprimés de très petite dimension contenant des noms tellement serrés qu'il était impossible de les modifier (*C. Et.*, 28 novembre 1896).

Peut-on regarder comme un bulletin valable la profession de foi ou la circulaire du candidat, contenant, d'ailleurs, de façon apparente, le nom de ce candidat sous forme de signature? Nous dirions oui, pour notre part, sans hésitation, et nous nous rencontrerions en ceci avec le ministre de l'intérieur. Le Conseil d'Etat, toutefois, annule habituellement ces sortes de bulletins, sans doute parce qu'il soupçonne chez l'électeur, dans l'usage un peu original qu'il fait de ces pièces en les introduisant dans l'urne, l'intention de ménager à son vote un signe de reconnaissance (*C. Et.*, 27 novembre 1896).

Cependant, dans une espèce où l'intention de l'électeur de se servir réellement de la circulaire comme d'un bulletin s'était manifestée par la radiation de plusieurs noms et la substitution d'autres noms manuscrits, le Conseil d'Etat a admis que la circulaire serait comptée comme un bulletin valable (*C. Et.*, 4 août 1893).

Désignation du candidat. — Pour être valable, il faut encore que le bulletin contienne une désignation suffisante du candidat. On n'exige pas une désignation rigoureusement exacte, pourvu qu'il n'y ait pas d'équivoque possible.

Ainsi ont été considérés comme portant une désignation suffisante :

Des bulletins contenant le nom patronymique du candidat à l'exclusion de son prénom et de toute désignation de titres et qualités caractéristiques de son individualité, alors que le citoyen ainsi désigné était le seul candidat notoire à l'élection qui portât ce nom patronymique (*C. Et.*, 27 novembre 1896).

Des bulletins portant « tous les conseillers sortants à l'exception de tels et tels nominativement désignés » (*C. Et.*, 26 décembre 1896).

Sont pareillement attribués au candidat notoire répondant à la désignation du bulletin, les bulletins qui portent le nom du candidat mal orthographié, ou ceux qui portent des noms et des prénoms communs à plusieurs personnes, mais dont l'une seule est candidat notoire à l'élection (*C. Et.*, 12 décembre 1896).

III

CALCUL ET PROCLAMATION DES RÉSULTATS

Dépouillement. — La durée légale du scrutin étant terminée, et après s'être assuré qu'il n'y a plus dans la salle d'électeurs qui n'aient pas encore remis leurs bulletins, le président du Bureau déclare le scrutin clos.

Il ouvre l'urne et vérifie avec ses assesseurs le nombre des bulletins, en le comparant à celui des votants constatés par les émargements.

Ecart entre le nombre des bulletins et celui des émargements. — Si l'on constate un écart entre les émargements et le nombre des bulletins trouvé dans l'urne, c'est le chiffre le plus faible auquel on se fixe.

Mais il faut encore distinguer, selon que ce sont les bulletins ou les émargements qui sont les plus nombreux.

Dans le premier cas, on retranche à celui des candidats qui a recueilli le plus grand nombre de suffrages un nombre de voix égal à celui des bulletins trouvés en trop. Si ce retranchement fait perdre au candidat élu la majorité absolue et au candidat non élu la majorité relative, les opérations sont considérées comme n'ayant pas donné de résultats, et il n'y a pas lieu à la proclamation d'un candidat (*C. Et.*, 31 janvier 1896).

Si, au contraire, ce retranchement laisse subsister la majorité suffisante au profit d'un candidat, l'erreur est sans importance et ne doit pas entraîner l'annulation des opérations (*C. Et.*, 31 juillet 1896).

Le second cas, celui où le chiffre des émargements est supérieur au nombre des bulletins, est tout différent. Il fait présumer, dès que l'écart est un peu important, des fraudes contre la sincérité du vote et entraîne l'annulation des opérations (*C. Et.*, 13 novembre 1896).

Scrutateurs. — Après avoir vérifié le compte des bulletins et l'avoir inscrit au procès-verbal en relatant, s'il y a lieu, l'écart entre le nombre des bulletins et le chiffre des émargements, le Bureau doit, s'il s'est présenté plus de trois cents votants, s'adjoindre des scrutateurs. Il les désigne parmi les électeurs présents. Le président les installe par quatre à des tables différentes et répartit entre eux les bulletins à vérifier. La loi ne fixe pas le nombre des répartiteurs.

Leur désignation prescrite par la loi dès que le nombre des votants est supérieur à trois cents n'est pas, d'ailleurs, une formalité substantielle. Le fait que le Bureau aurait opéré lui-même le dépouillement, alors que le nombre des votants était supérieur à trois cents, ne suffit pas à entraîner l'annulation d'une élection, s'il n'est pas établi qu'il ait pu avoir aucune influence sur les résultats (*C. Et.*, 13 novembre 1896).

Publicité du dépouillement. — Le dépouillement doit s'opérer en public. Il faut que l'accès de la salle et la circulation autour des tables des scrutateurs soit absoment libre. Cette publicité est destinée à permettre le contrôle des électeurs : elle n'intéresse, par conséquent, que les électeurs de la circonscription. Mais le fait que le dépouillement du scrutin a été effectué en présence de personnes étrangères à l'élection ne viole pas l'article 29 du décret du 2 février 1852 et n'est une cause d'annulation des opérations qu'autant que cette présence a eu pour but et pour effet d'empêcher les électeurs de surveiller le dépouillement du scrutin et de favoriser la fraude (*C. Et.*, 26 décembre 1896).

Mécanisme du dépouillement. — Deux scrutateurs à chaque table (ou deux membres du bureau), ouvrent les bulletins. L'un proclame à haute voix les noms inscrits, sans donner connaissance des observations ni des injures qui pourraient accompagner ces noms, et passe le bulletin au second qui le vérifie.

Les noms proclamés sont relevés sur des listes spéciales par deux autres scrutateurs qui s'avertissent à chaque dizaine de voix relevées.

Enfin des scrutateurs supplémentaires consignent sur la feuille de dépouillement le nombre des suffrages obtenus par chaque candidat, à mesure que chaque groupe de scrutateurs a terminé le dépouillement des bulletins qui lui ont été distribués. Les scrutateurs supplémentaires signent la feuille de dépouillement et la remettent au bureau avec les bulletins nuls ou douteux.

Le Président du bureau proclame alors immédiatement le résultat et brûle, en présence des électeurs, les bulletins qui ont été comptés pour le résultat, c'est-à-dire les bulletins reconnus par le bureau comme valables.

Annexion des bulletins nuls et douteux au procès-verbal. — Mais il ne compte pas, même pour établir le chiffre des votants les bulletins nuls et les bulletins douteux. Il réserve ces bulletins et les annexe au procès-verbal.

Le défaut d'annexion de ces bulletins rendrait impossible la vérification des opérations de dépouillement. En les incinérant, sans d'ailleurs les compter pour les résultats, le bureau préparerait l'annulation de l'élection (*C. Et.*, 21 novembre, 11 et 26 décembre 1896).

Mais si les bureaux doivent annexer au procès-verbal les bulletins douteux aussi bien que les bulletins nuls, il ne faut entendre par bulletins douteux que ceux dont l'attribution ou la validité a été contestée lors du dépouillement. Les réclamations tardives ne sont pas admises (*C. Et.*, 31 juillet 1896).

Procès-verbal. — Le procès-verbal des opérations est rédigé en double exemplaire. Il fait foi, devant le juge de l'élection, jusqu'à preuve contraire.

Il doit contenir les noms des membres du bureau, l'heure de l'ouverture et celle de la clôture du scrutin, le nombre des bulletins annexés, enfin la mention que toutes les formalités légales ont été remplies.

Sanctions pénales. — La fidélité des membres du bureau et des scrutateurs dans l'accomplissement de leur mandat est garantie par une sanction pénale rigoureuse. L'article 35 du décret de 1852 punit d'un emprisonnement de un an à cinq ans et d'une amende de 500 à 5.000 francs ceux qui, étant chargés de *recevoir*, *compter* ou *dépouiller* les bulletins, auraient soustrait, ajouté ou altéré des bulletins, ou lu un nom autre que celui inscrit.

Le délit de soustraction de bulletins est également réprimé quand il est commis par des personnes n'ayant aucune fonction dans l'assemblée électorale. Le délit de soustraction de bulletin n'existe, d'ailleurs, quelle que soit la qualité de celui qui est incriminé, que s'il y a eu soustraction de suffrage. En conséquence, le fait de substitution d'un bulletin à celui remis par l'électeur ne suffit pas à constituer le délit, lorsqu'en fait le bulletin substitué n'a pas été introduit dans l'urne et que celui qui y a été en définitive introduit est bien le même que l'électeur avait remis à cet effet.

Un tel acte n'est qu'une tentative de soustraction de bulletin, tentative non punissable aux termes de l'article 3 du Code pénal *(Trib. corr. d'Agen,* 24 juin 1896; *Pand.* 1897, II, 28).

Recours pour excès de pouvoir. — Le maire qui commettrait un acte illégal au cours des opérations du scrutin s'exposerait sans aucun doute au recours pour excès de pouvoir du chef de la partie lésée, c'est-à-dire, croyons-nous, de tout électeur de la circonscription.

Nous signalerons cependant un arrêt du Conseil d'Etat

qui limite étroitement les conditions du recours pour excès de pouvoir. Un électeur avait demandé au maire communication du procès-verbal des opérations électorales et des listes d'émargement. Il en avait fait, sur le refus du maire, requête par huissier, sans avoir pu vaincre par là la résistance qui lui était opposée. Son recours a été rejeté par le Conseil d'Etat, parce qu'il ne présentait ni un arrêté ni une décision quelconque du maire et que les exploits d'huissier ne peuvent y suppléer. Il a été renvoyé, et cela tardivement, à saisir les supérieurs hiérarchiques du maire. Cette jurisprudence étroite rendra le plus souvent illusoire en notre matière la garantie du recours pour excès de pouvoir (*C. Et.*, 26 décembre 1896).

Recensement général des votes. — Les votes ainsi recueillis et les résultats partiels proclamés dans chaque bureau de vote sont centralisés au chef-lieu du département, où une commission, composée de trois conseillers généraux choisis par le préfet, fait leur recensement, vérifie et rectifie au besoin les calculs et les décisions des bureaux, mais sans détruire aucun des bulletins annexés au procès-verbal.

L'élu est proclamé par le président de la Commission de recensement.

IV

RECOURS ET CONTENTIEUX DE L'ÉLECTION

Les opérations électorales sont terminées par la proclamation de l'élu. Elles peuvent être l'objet d'un recours au juge de l'élection. Les délits électoraux, dont nous avons relevé plusieurs cas, peuvent être l'objet d'une action distincte devant le juge de droit commun. Examinons séparément le recours électoral proprement dit et l'action civile.

§ 1. *Recours devant le juge de l'élection.*

Qui peut se pourvoir ? — Le juge de l'élection, c'est-à-dire la Chambre des députés ou le Sénat, en matière d'élections politiques, connaît de toutes les protestations soulevées contre l'élection par les candidats évincés, par les électeurs de la circonscription, par le préfet et enfin par les membres de l'assemblée à laquelle doit appartenir le candidat.

Compétence du juge de l'élection. — Le pouvoir tout exceptionnel du juge de l'élection ne doit pas empiéter sur celui du juge civil. Le juge de l'élection n'est pas compétent pour décider une question d'état (loi du 5 avril 1884, art. 39). Si donc une question d'état est soulevée devant lui, de laquelle dépend l'éligibilité de l'élu, il doit surseoir à statuer, et si cette question a déjà été tranchée par un jugement passé en force de chose jugée, il ne peut qu'accepter ce jugement et baser sur lui la solution de la question d'éligibilité qui lui est soumise (*C. Et.* 7 juillet 1893).

Mais il faut, pour que le juge de l'élection soit obligé de surseoir, qu'il existe une véritable question préjudicielle. S'il ne s'agit que de la constatation d'un fait matériel, et par exemple de la constatation de la résidence et non pas de l'interprétation des éléments juridiques du domicile, le juge de l'élection doit décider souverainement.

Il faut que la question préjudicielle soulève un doute sérieux (*C. Et.* 25 novembre 1892, 9 décembre 1892, 12 mai 1893), et que sa solution soit indispensable au jugement de l'élection elle-même.

Le juge de l'élection est-il lié par les décisions d'ordre pénal? Non, il n'a pas, lorsqu'un délit électoral est allégué devant lui, à renvoyer l'examen de la question au juge civil; il n'est pas non plus obligé de conformer sa décision à celle du juge répressif, retenant par exemple comme cas d'annulation toute manœuvre punie d'une peine et qualifiée de délictuelle, et ne tenant, réciproquement, aucun compte de toute manœuvre dont l'auteur n'a pas été condamné. C'est qu'il n'y a pas identité d'objet dans la question soumise au juge de l'élection et dans celle dont connaît le juge répressif. Les éléments constitutifs du délit ne sont pas les mêmes, plus étroits ou plus larges, en tout cas plus strictement définis, que les éléments qui peuvent vicier l'élection. (*C. Et.* 25 mai 1889.)

Le juge de l'élection n'est tenu de surseoir, en présence d'un fait délictueux, qu'autant qu'une instruction criminelle est déjà ouverte sur ce fait et qu'il en a connaissance. C'est l'application du principe général que le criminel tient le civil en état.

Procédure. — Il n'y a aucune forme solennelle de procédure dans la formation du recours ni dans son instruction par la Chambre. Ou plutôt le juge de l'élection est maître de sa procédure et la règle lui-même, par voie parlementaire. Il est valablement saisi, c'est là ce qu'il importe de retenir, par toute réclamation émanée de personne ayant qualité pour se pourvoir auprès de lui. C'est donc une précaution très nécessaire que de faire légaliser les signatures apposées au bas d'une protestation, puisque c'est le seul moyen de permettre au juge de savoir de qui elle émane.

Décisions du juge de l'élection. — Le juge peut d'abord écarter les réclamations dont il est saisi, comme mal fondées ou insuffisantes, et valider l'élection.

Si la protestation porte sur la matérialité du vote, par exemple sur le calcul de la majorité, il refait, après la commission de recensement, le calcul des suffrages et décide en conséquence. Il peut déclarer élu le candidat non proclamé.

Si la protestation porte sur la régularité des opérations, il décide uniquement, nous avons eu occasion de le remarquer, d'après le résultat effectif que ces irrégularités ont produites sur le vote. C'est affaire d'appréciation.

Si elle porte enfin sur la moralité des opérations, il l'apprécie intrinsèquement et même indépendamment du résultat effectif qu'ont pu exercer les fraudes et manœuvres alléguées, pourvu toutefois que les altérations de la sincérité du vote n'aient pas dû nécessairement demeurer sans effet sur les résultats, comme le seraient des manœuvres qui n'auraient pas empêché les électeurs de voter librement (*C. Et.*, 6 avril 1894) ou qui n'auraient pu nuire qu'au candidat proclamé en affaiblissant sa majorité sans la détruire (*Ibid.*).

Fondements de ses décisions. — Tout moyen de preuve est admis. L'enquête, pour fréquente qu'elle soit, n'est pas obligatoire.

Ce n'est pas, d'ailleurs, sur les procès-verbaux des commissions de recensement, mais sur les procès-verbaux dressés dans chaque section de vote et sur les documents annexés que le juge doit chercher ses renseignements. Ces procès-verbaux ne font foi que jusqu'à preuve contraire.

Réclamations sans objet. — La jurisprudence du Conseil d'Etat, qui écarte sans examen les réclamations sans objet direct, c'est-à-dire celles dont le but n'est pas une modification des résultats de l'élection, est, bien entendu, appliquée par la Chambre des députés. C'est ainsi qu'elle refuserait d'examiner la protestation d'un candidat contre les opérations d'un premier tour de scrutin qui n'auraient produit qu'un ballottage, alors que le réclamant ne demanderait pas à être proclamé élu au premier tour, mais se bornerait à réclamer la modification des chiffres attribués à ses concurrents et à lui (*C. Et.*, 4 décembre 1896.)

§ 2. *Action civile contre les délits électoraux.*

Les actes délictueux commis à l'occasion ou au cours des opérations électorales donnent ouverture à l'action publique devant les tribunaux répressifs. C'est là le droit commun.

Mais ils donnent, en outre, ouverture à une action civile en réparation du dommage causé, au profit de tout électeur. Et c'est une importante dérogation au droit commun que cette action populaire dont le fondement légal réside dans l'article 123 de la loi de 1849.

En principe, c'est seulement la victime d'un préjudice *personnel, actuel* et *résultant directement de l'infraction*, qui peut porter plainte, mettre ainsi l'action publique en mouvement et se constituer partie civile. Or, s'il est vrai que tous les électeurs de la circonscription éprouvent un préjudice moral des atteintes portées à la sincérité du vote et à la dignité du suffrage universel, ce préjudice est-il différent de celui que toute infraction, quelle qu'elle soit, cause à tous les membres de la communauté par le trouble social qu'elle produit. Et cependant, ce préjudice général et indéterminé n'est pas admis, en général, comme un fondement suffisant à l'action civile ; il faut un préjudice plus spécial et plus directement personnel pour être admis à en demander une réparation spéciale et personnelle. Tel serait bien le cas où un candidat poursuivrait en dommages et intérêts l'auteur d'un délit électoral qui pouvait nuire à sa candidature, par exemple, un maire qui avait fait lacérer ses affiches. (*Amiens,* 16 août 1878; *S*. 1879, II, 193 ; *Riom,* 16 décembre 1896 ; *S*: 1897, II, 114).

Mais la loi et la jurisprudence vont plus loin, en matière électorale, et c'est bien moins, croyons-nous, l'intérêt privé de l'électeur que celui du suffrage universel qui est le fondement véritable de cette action. Nous avons déjà rencontré, au début de cette étude, une autre action populaire, dont la raison d'être n'est pas différente. C'est l'action attribuée aux électeurs contre les opérations de revision des listes électorales. Celle-ci en est le corollaire et le complément.

Il faut remarquer, cependant, qu'elle est beaucoup plus étendue. Ce n'est pas seulement, en effet, le droit de mettre en jeu l'action publique et de poursuivre la répression pénale du délit qui est attribué aux électeurs, c'est le droit d'en demander une réparation personnelle et pécuniaire, d'en réclamer des dommages-intérêts, en dehors même de toute répression proprement dite (*Cass.*, 18 mars 1878 ; *S.*, 1878, I, 143). Un arrêt de la Cour de Montpellier met en lumière ce caractère de l'action. Il intervient, après un premier jugement acquittant les prévenus et sur l'appel d'un électeur à titre de partie civile, le ministère public n'ayant pas entrepris, en ce qui le concernait, la décision des premiers juges. La Cour ne pouvait, dans cet état, prononcer aucune condamnation pénale. Elle a condamné purement et simplement les prévenus à des dommages-intérêts envers l'appelant, déclarant même, ce qui paraît un peu exagéré, qu'elle disposait d'éléments d'appréciation suffisants pour évaluer le préjudice subi par l'appelant (*Montpellier*, 10 novembre 1894; *S.*, 1896, II, 201).

L'action civile contre les délits électoraux est prescrite, comme l'action publique, après trois mois, à partir du prononcé du jugement de l'élection.

C'est une arme très efficace contre les atteintes au droit et à la légalité ; nous tenions, en terminant ce petit manuel, à attirer sur elle l'attention de nos lecteurs. Ils comprendront assez de quelle importance peut être, sur la décision du juge de l'élection lui-même, l'influence de la chose jugée au civil, pour en user résolument, le cas échéant.

TABLE ANALYTIQUE DES MATIÈRES

PREMIÈRE PARTIE. — REVISION DES LISTES ÉLECTORALES

Commission administrative, page 7.

Délai dans lequel elle doit terminer ses opérations. — Recours administratif. — Annulation des opérations par les conseils de préfecture.

I. *Recours judiciaire.*— *Qui peut l'exercer*, page 9.

Electeur intéressé. — Tiers électeur.— Préfet et sous-préfet.

II. *Conditions de l'inscription.* — *Radiation*, page 10.

Preuve.— Questions préjudicielles. — Nationalité. — Majorité. — Jouissance des droits civils et politiques. — Interdits. — Greffiers. — Officiers ministériels. — Vol et filouterie d'aliments.— Amnistie.— Preuve de l'incapacité.— Résidence.— Domicile.— Inscription au rôle des Contributions directes ou des prestations. — Preuve de l'inscription au rôle. — Prestations. — Fraude. — Ministres du culte.— Fonctionnaires. — Professeurs de séminaires. — Principe de l'unité d'inscription. — Fait de la pluralité d'inscription.— Radiation — Demandée par l'électeur qui réclame une inscription nouvelle. — Demandée par un tiers électeur.— Préjudice causé par une demande en radiation.— Et par l'affichage de la radiation.

III. *Formes et délais.*

1° Devant la Commission municipale, page 29.

Forme de la réclamation.— Délai.— Communication des listes.— Responsabilité du maire. — Fermeture de la mairie. — Calcul du délai.— Formes de l'instance.— Notification.— Publication.

2° Devant le juge de paix, page 33.

Délai.— Parties intéressées.— Tiers.— Formes de l'appel.— Avertissement. — Absence de formes solennelles. — Nécessité des conditions substantielles. — Instance. — Jugement. — Compétence.— Recours au juge de paix, *omisso medio*.—Evocation du fond.— Preuves.— Voies de recours

3° En cassation, page 38.

Qui peut se pourvoir ? — Délai. — Effet du pourvoi. — Forme. — Dénonciation.

IV. *Permanence de la liste électorale*, page 41.

DEUXIÈME PARTIE. — OPÉRATIONS ÉLECTORALES

Juridiction compétente, page 43.

Rôle de la Chambre des députés. — Influence de la jurisprudence du Conseil d'Etat. — Rôle des juridictions civiles.

I. *Opérations préliminaires.* — *Période électorale,* page 45.

Ouverture de la période électorale. — Déclaration de candidature. — Sanctions pénales. — Réunions électorales. — Affiches. — Affiches blanches. — Pression administrative. — Manœuvres. — Intimidation. — Fausses nouvelles. — Corruption. — Importance relative de ces diverses manœuvres. — Presse. — Injure. — Diffamation.

II. *Vote,* page 54.

Bureau électoral. — Président. — Assesseurs. — Durée du scrutin. — Ouverture du scrutin. — Accès de la salle de vote. — Quels électeurs peuvent voter. — Cartes d'électeur. — Effet sur l'élection du vote d'électeurs illégalement inscrits. — Double vote. — Remise des bulletins. — Emargements. — Forme des bulletins. — Couleur. — Signes extérieurs. — Signes de reconnaissance. — Désignation du candidat.

III. *Calcul et proclamation des résultats,* page, 65.

Dépouillement. — Ecart entre le nombre des bulletins et celui des émargements. — Scrutateurs. — Publicité du dépouillement. — Mécanisme du dépouillement. — Annexion des bulletins nuls et douteux au procès-verbal. — Procès-verbal. — Sanctions pénales. — Recours pour excès de pouvoir. — Recensement général des votes.

IV. *Recours et contentieux de l'élection.*

1º Recours devant le juge de l'élection, page 69.

Qui peut se pourvoir? — Compétence du juge de l'élection. — Procédure. — Décisions du juge de l'élection. — Fondement de ses décisions. — Réclamations sans objet.

2º Action civile contre les délits électoraux, page 72.

Qui peut se pourvoir? — Action populaire. — Prescription.

Lyon. — Imp. X. Jevain, r. François Dauphin, 18.

DU MÊME AUTEUR :

LE CONTRAT DE FONDATION

PARIS, Larose, 1894

En vente à Lyon, chez Auguste COTE, libraire, place Bellecour, 8

REVUE CATHOLIQUE

DES

INSTITUTIONS ET DU DROIT

PAR UNE SOCIÉTÉ DE JURISCONSULTES & DE PUBLICISTES

Abonnements : **12 fr. par an.** — Union postale : **13 fr. 50**

BUREAUX DE LA REVUE : **18, rue François-Dauphin**

LYON

Lyon. — Imp. Jevain, r. François-Dauphin. 18.